Can you give me a ride?

可以載我一程

加拿大、阿拉斯加野地漫遊

Chang（邱昌宏）　文・攝影

目錄

Can you give me a ride?

00/

自序
生命的樣貌

Can you
give me a ride?

如詩如畫的紐西蘭

　　2008 年初，我從部隊退伍。原本如同服刑的高壓管制作息，在走出營區大門後，腳鐐手銬落地，無事一身輕。該嘗試一下以前沒做過的事好慶祝重獲自由。當時正值打工度假方興未艾，於是同年夏天我啟程前往號稱綿羊比人多的紐西蘭，展開了背包客生涯。停留在地理上與北半球的臺灣位置顛倒的南半球國度；季節時令也恰好顛倒，12 月聖誕節是當地最熱的時候；就連行車方向也都左右顛倒，好幾次我開車誤闖右側車道，前方車輛迎面而來差點沒出車禍。一年後打包回國，體認到人生的次序顛倒一下其實無傷大雅。

　　回國後，我找到一份感興趣的工作，日日與動物為伍，外勤文書學習投入，時間過得很快。隨著資歷增加，漸漸理解一些現實的無可奈何，加上生活的庸碌瑣碎，每天上下班通勤開始沉重遲滯，噪音、廢氣、擁擠、窮忙，我棲身的城市越來越狹小，聽覺、嗅覺、視覺慢慢阻塞。有時候意識彷彿離開軀體，隔著一段距離注視著

自序　生命的禮讚

我和周圍的一切，像在看戲，失去了作為一個有機體「生命」的存在感。內心深處不知哪裡傳來的某個聲音叫我放棄。我開始心生消極逃避的念頭。

距離上一次旅行，算一算有三年了。那些在路上的片段仍時不時閃現於生活夾縫中，如同往褲袋裡掏錢無意中跟著掉出來的一元銅板，噹啷一聲，光亮如昔。於是我閱讀，讀一些文學經典，也讀旅行書寫和浪遊記錄。那些從紙頁上出發朝一個方向定速移動的文字，無論疾行或緩步，都能須臾片刻引領意識進入另一個現實。聽起來像吸毒，無怪乎有人說閱讀本身即是思想的旅行。讀多了難免好奇，那一頁頁壓平服貼的油墨鉛字，是用怎樣的步伐去踩踏出來。路上石礫磨腳嗎？汗水蒸騰進塵沙的滋味我幾乎快想不起來了。

我喜愛大自然，喜愛自然環境裡的一切，尤其是動物。北美洲廣闊無邊的荒野深深吸引著我，地廣人稀的土地上，山脈、湖泊、峽谷、草原、河流、苔原、冰河、沼澤，多樣的棲息地孕育了各種不同的生命，或雄渾挺拔、張牙舞爪，或堅忍卓絕、迷你袖珍，極盡所能展現造物之奇。但願有朝一日能有機會親炙。

我也很好奇那塊土地上的人們如何過生活，如何適應地廣人稀、棲息著各種各樣野生動物的環境。人與土地的關係是我們安身立命、藉以依循的原則，其普遍性

涵蓋了不同緯度、不同海拔高度的人類群聚。如果有機會親身體驗一種足供參考的生活範例，或許可以讓我找到某種永續的，得以自給自足的生活方式，應用在往後的人生裡。

關於出走的消極、積極因素參雜，隨著時間開始發酵。不願再受困於原地踏步的停滯，此時家中由我照顧的狗狗因病往生，少了這個牽掛，我遞出辭呈，2013 年 3 月，買張機票，飛往加拿大。

現在書出版了，但就某種意義來說，旅程從未真正結束。

「在每個人內心所想像的地景中，總有一處特別的所在；我們心中的羅盤將一直指引著我們朝向那個所在。那裡是迷人的、是神祕的、是異國情調的、是有魅惑力的；然而，那裡也是我們的恐懼所能達到的最極限。即便如此，我們仍然被驅使著向那個特別的所在前進；只有這麼做才能了解我們自己，也只有這麼做，我們的生命才稱得上完整。我在這裡是為了追求生命的完整性，因為在我心底，在每一次的呼吸中，總潛藏著一種希望能夠被填滿的空虛。」《北航，向永夜——冰封在北極的一年》 Alvah Simon

01/
打工度假
VS.
打工換宿
Can you
give me a ride?

越來越多年輕人選擇出國打工度假。打工度假是體驗國外文化，並與當地人交流的管道之一。目前與臺灣簽署相關協議的國家有紐西蘭、澳洲、日本、加拿大、德國、韓國、英國、愛爾蘭、比利時等 9 國。有意申請者須向各國辦事處提出申請，並符合相關規定。各國對打工度假的申請門檻不盡相同，舉例來說，申請者年齡上限，有的國家是 30 歲，有的則是 35 歲，因此須詳細了解欲申請國的規定才不致白忙一場。申請通過者將取得打工度假簽證，憑簽證可在該國打工賺旅費。相關資訊請見外交部領事事務局網站（www.boca.gov.tw）。

打工換宿是另一種體驗當地文化的管道。與打工度假不同的是，換宿者沒有薪水收入，純粹以工作交換住宿和食物，通常一天工作 4 ～ 6 小時，性質有點類似兼職工作。工作以外的時間可以自行運用，探索環境，使用雇主所提供的設備，如：汽車、腳踏車、馬、船等。與換宿家庭一同吃住的好處，是能藉此深入體驗當地人的生活方式及文化。

打工度假／打工換宿比較表

	打工度假	打工換宿
簽證	須申請打工度假簽證	觀光簽證或觀光免簽證都可
收入	依該地薪資水準	無金錢收入，純粹提供住宿、食物
工作時間	長短不一，依工作性質而異	4 ～ 6 小時／日
年齡限制	18 歲～ 30 歲／ 35 歲	18 歲以上，無上限
申請次數	每人終身限持有簽證一次	無限制
特色	較多機會接觸各國旅人	較多機會接觸當地人

1.1

打工換宿網站

　　打工換宿可以從網站上搜尋。以下介紹的兩個網站各有其特點,有意嘗試換宿的朋友可以作為參考。這兩個網站的共同點是都需要註冊加入會員,並付費以後,才能使用完整功能,而換宿地點則涵蓋多個地區及國家。

HelpX

　　HelpX(www.helpx.net)全名是 Help Exchange,交換幫忙,意即你幫我、我幫你。換宿地點的選擇多元,諸如:有機農場、一般農場、牧場、家庭、青年旅館、度假村等,而最匪夷所思的是「船」!你能想像工作場所竟然會移動,並且浮在水面上,晚上睡覺跟著漂來漂去!

牧草捲

　　註冊時除了填寫個人資料、聯絡方式等基本資訊之外,「個人簡介」是很重要的欄位,當你發送電子郵件給素未謀面的主人詢問換宿機會時,主人僅能透過你的「個人簡介」想像你是怎樣的人,有無可能是符合他們需求的幫手,因此填寫這一欄位要特別用心。不僅要描述個性、興趣、工作態度,也要提到專業技能及擅長工作。運用條列式呈現可讓人一目了然。

　　僅註冊而未繳費者只能瀏覽部分簡介,看不到工作地點、聯絡方式等較細節的資訊;以信用卡支付 20 歐元即可取得兩年完整權限。完成這一步驟後,便可開始搜尋換宿地點。主人也可以使用搜尋功能尋找換宿者,並寄信聯絡,但主要仍是由換宿者主動出擊。

　　HelpX 涵蓋多個地區及國家,註冊完成後可進入不同國家的網路。搜尋換宿地點時可先選定國家或地區,系統會列出該地區換宿地點資料,透過資料描述判斷該地點及工作內容是否符合興趣。另外,在工作地點介紹頁面會有評價區,是來自過去換宿者給予該地的評價意見,可作為參考。若符合你的興趣,則進入下一步,寄信詢問。

打工度假 vs. 打工換宿

信件內容要包含欲協助的工作、停留期間、工作地點吸引你之處、特殊飲食需求（如：素食）、到達或碰面方式，以及其他相關問題。

到達換宿地點時請記住，你的一言一行代表自己的國家，無論是工作或日常生活請配合該地規則及習慣，所謂入境隨俗是也。若真有困難無法配合，也須委婉告知主人。任何不當言行會讓主人留下負面印象，更甚者當場掃地出門，這是出門在外最不樂見的情況。

結束換宿後，可給予換宿地點評價，正面稱讚其優點，或是負面批評其不足待改進之處。主人也可給予換宿者評價。有時會見到兩造雙方互相批評對方的不是。任何人對你的評價都可能影響之後尋找換宿的難易度。

WWOOF

WWOOF（www.wwoof.net）是五個單字的縮寫，全名 World Wide Opportunities on Organic Farms，中譯為有機農場換宿。透過此系統換宿的人稱為「wwoofer」。工作地點包括：商業和一般性農場、公有合作社、共同生活村、家庭住宅、教育中心、農業旅遊區等。組織遍及多國，每個國家為各自獨立的運作單位。註冊會員時需選定國家，如欲前往不同國家則需個別註冊繳費，費用從 0 ～ 56 歐元不等，視國家而定。

由於 WWOOF 強調有機生產，禁用化學肥料、農藥、人工生長劑，以及其他非天然添加物等，是一種對土壤、生態系、人體都無害，可持續發展的農業生產概念。對無毒農業有興趣的朋友可以嘗試看看。

工作項目包括：種植蔬果、鋤草、餵食動物、擠羊奶、堆肥製作、採收作物、剪枝……等，按照節令春耕、夏耘、秋收、冬藏，不同季節會有不同工作，可以事先詢問清楚。農場工作中有許多是體力活，要出賣勞力，個人體能不能太差，必須先有心理準備。

穿戴衣著部分，工作不可避免的會碰觸泥土、灰塵、廚餘堆肥、動物排泄物等，最好準備一套工作服。工作通常需要使用鋤頭、釘耙、鋸子等工具，可戴上手套以免持握工具時摩擦破皮。鞋子的部分，為避免工作時遭尖銳物體刺穿，建議穿鋼頭

安全鞋或雨鞋。其他特殊護具如：護目鏡、耳罩、耳塞、口罩等，則視工作需要而定。上述配備並非都得自行準備，有的農場會提供，可以事先詢問清楚。

其他日常用品的部分，建議攜帶睡袋，並非所有農場都會為 wwoofer 準備乾淨的床單、被褥、毛毯等寢具，故有備無患。如果怕日曬，可以攜帶防曬乳。帶著一條細細的繩子會很好用，能拿來晾剛洗好的衣服，也能把裝備綁在背包上，收納起來又不占空間。

出國前記得要保險，基本的如旅遊平安險；另外可以再加保意外險、醫療險、行李遺失險等，萬一發生意外，事後可以請領理賠。有的農家會要求換宿者需有保險。

不列顛
哥倫比亞

02

會有人停車嗎？

Can you
give me a ride?

雲層之上的曙光

　　往加拿大的飛機正穿過一個個不同時區。3萬英呎的高度不只離地面越來越遠，半睡半醒之間，昨日以前的種種也遭遇時差般跟著腫脹、模糊。跟空服員要了杯水，開啟前方小螢幕，戴上耳機，想隨便看點什麼打發時間，《Life of Pi》（少年Pi的奇幻漂流）出現在選單上，幾個月前才上映。也許因為我踏上旅程，對旅行相關事物比較敏感，好奇Pi究竟如何漂流。原來故事中Pi和家人是舉家要從印度前往加拿大，途中不幸發生船難，Pi和一頭斑馬、猩猩、鬣狗及老虎上了救生艇。弱肉強食的法則下只剩Pi和老虎存活，最後漂到墨西哥。後來想想在飛機上看這種船難片似乎不太吉利，好在電影結束後不久飛機平安降落目的地加拿大。

　　我在溫哥華朋友住處待了約兩個禮拜。朋友是基督徒家庭，我便跟他們一起過教會生活，一邊思考該用怎樣的方式停留和移動。過去的經驗不外乎買票搭巴士、租車、騎腳踏車。腳踏車最經濟，也具有主控性，但這裡地方之大，兩點間的距離即便騎到痔瘡破掉還到不了；巴士、租車長久下來對荷包則是不小的負擔。到底有沒有一種預算上沒有顧慮，同時又兼具可行性的移動方式？

　　4 月份雖是冬季尾聲，但氣溫仍低不利農作，攝氏 0 度在郊區不算罕見，多數農場還沒展開新一季的工作，最後好不容易找到一家離溫哥華約 5 小時車程的農場需要人，朋友建議我搭巴士過去，於是載我到 Abbotsford 灰狗巴士站等車，時間是上午 9 點，而 10 點有一班車。目送友人離去後，留下我、大背包和往後一年迎向各種可能的旅程。這時我才意識到真正開始要隻身一人異地走闖，少了親友耳提面命，反而令人覺得卸下綁縛，手腳輕盈起來。

　　候車室內幾名旅客傍著行李或翹腳發呆、或不時看看時間東張西望；發車時間、目的地條列式顯示在車次資訊的螢幕上；飲料販賣機的按鍵有可樂、汽水、礦泉水。

典型的巴士站，感覺就只是要從臺北搭國光號到臺中，差別是文字換成英文。買票、付錢、等車、上車，簡單就能出發。但不知為何，**我開始抗拒這種舊日的熟悉感，它像腳底下的影子，不論跑得再快也甩不開。如果當初離家的動機之一是擺脫舊有因循，那麼，改變是唯一選項。**不如來試試豎起大拇指攔便車。

　　詢問售票員攔便車的可行性，他說攔車的人會到聯外道路路口去，並指點我方向。揹起大背包走出車站，陽光耀眼。路上車子川流不息，黃燈轉紅再轉綠，行人不多，揹著這麼大一個背包的只有我，在城市街景中顯得有點突兀。在一個路口遲疑該繼續直走或往左，迎面一個人走來，牽著一輛腳踏車，我上前問路，他看著我這身裝備問說是否在旅行，於是聊了起來。他膚色黝黑，臉上的皺紋和乾裂的皮膚顯出風塵，腳踏車上堆著許多舊舊髒髒的東西，有種四處為家的感覺。開始從個人背景聊到去向，然後他越來越熱切講述某種我聽不懂的信仰，雖然友善，但我不願耗費太多時間只好揮手道別。這種路上偶遇開啟的對談在我過往經驗中很少見，不免讓往後的旅程多了些可以預期的意外。

2.1

第一趟便車

　　穿過疾駛而來的車流，我抵達售票員提及之處，一個高速公路匝道口，來自兩個方向的車流匯入。看了看四周告訴自己「就是這裡了」，卸下背包定了定神，然後豎起大拇指。一輛輛車子迎面而來，老實說心裡有點膽怯，不知道將會發生什麼事——失控大卡車直直衝來、歹徒攔路洗劫一空、種族歧視分子叫囂謾罵，最可怕的是變態殺人狂假好心真行凶棄屍荒野……電影裡都是這樣演的，早知道出國前應該把遺囑寫好，再交代銀行戶頭密碼，雖然餘額不多。

　　近 1 小時過去，站得腿酸手麻，也許經過上千輛車，引擎運轉聲不絕於耳，但沒人停下。灰狗巴士 10 點那班車準備發車了吧？跟農場講好今天抵達，到底有沒有人會停車？加拿大沒有熱心助人的人嗎？

　　一個個念頭浮出，心浮氣躁瀕臨極限時，一輛銀灰色小客車閃燈靠邊，輪胎摩擦礫石的聲音是我聽過

Ryan 和後座的狗狗

最悅耳的一次。我趕緊趨前,戴著墨鏡的 Ryan 正要去 Chilliwack,我興奮的跳上車,車後座一隻趴著的彼特犬,抬起頭勉強微睜惺忪睡眼瞧了我一眼又重趴回去。坐在副駕駛座的我看著道路開始往後飛馳有些似真似幻。

帥帥的 Ryan 有點瘋狂,在高速公路上時速 100 公里開著車,同時側過上半身對我說笑,害我緊張的直盯前方路況,到底是誰在開車!他以前也攔過便車,因此願意停車載人。他問我:「你抽菸嗎?」我搖頭。「那你抽過大麻嗎?」大麻!想都沒想過。他說抽起來很舒服,難怪一直覺得他看起來有種說不出的異樣感。他告訴我,他在家裡種大麻,如果我需要一份工作可以去他的「溫室」,我笑而不答。揮別 Ryan,這第一趟車給了我一劑強心針,但當時的我並不知道——抱著姑且一試的心態在路邊攔車只是一段迢遙里程的起點,後來甚至帶我跨越國境。

03/
田園生活，春夏
*Can you
give me a ride?*

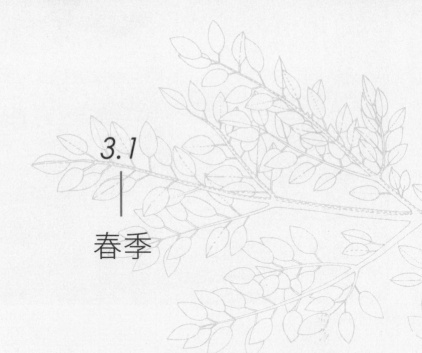

3.1
|
春季

Clearwater —— 不列顛哥倫比亞

　　第一家農場位於小鎮 Clearwater 山上。這個小鎮人口數約二千三百多人。幸運之神眷顧，那天我攔到四趟便車抵達小鎮。女主人 Barb 下山載我，50、60 歲的年紀，但精瘦結實，看起來相當幹練，原來她是兼職按摩師，在鎮上有間工作室，裡頭布置得很有東方色彩。心想，萬一工作完腰酸背痛，有人可以幫我馬一節。

山谷中的農場

　　農場離鎮上車程約 30 分鐘，沿途都是森林，車子越開越高，車窗外灌進來的風越來越涼。左側出現峽谷，峽谷底部一條長河蜿蜒，景觀頗為秀麗。原來這一帶山區被劃入 Wells Gray 省立公園，是當地知名的遊憩區。

群山環繞的農場

迷你廚房

屋內一景

抵達時天色已暗，看不清農場模樣。我的住處是一間小木屋，裡面一張雙人床、浴室、迷你廚房、冰箱、桌椅、暖氣機，應有盡有，未來數周就是我的落腳處。

一夜好眠。隔天一大早醒來差點凍僵，溫度在攝氏零下，牛仔褲還要披上暖氣機加熱才能穿。戶外水塘結著冰。也許是剛從亞熱帶的臺灣過來不適應，這裡的4月真凍。

農場座落在山谷中，四面森林、沼澤圍繞，最近一戶鄰居在2、3公里外，放眼望去看不到其他建築物，很有避世隱居之感。後來才知道加拿大其他地方也都是如此。幾隻牛、馬在附近散步吃草，並不以圍欄圈住，十分悠閒自得。

Helmcken 瀑布，瀑布周圍積冰未融

磨光外牆

農家生活

　　農場裡若干建築物彼此不相鄰的座落著，當中面積最大一棟新蓋好三層樓高的木屋是我工作的地方。屋子大致完工，主人兩夫婦已住進去，但四面外牆尚未磨光，表面粗糙。我的工作是拿手持式磨光機磨平外牆。磨光機前端貼著砂紙，將其平貼牆面並施壓，藉著馬達快速旋轉去除粗糙不平處。馬達運轉聲十分刺耳，必須戴上耳塞；摩擦牆面則會噴出大量粉塵狀木屑，需以口罩、護目鏡包覆眼鼻。就這樣，我開始了換宿生活。

　　每天早上 7 點半開始工作，一天工作 5 小時，到中午 12 點半休息。由於溫度低，拿著機器的手雖然戴上手套保暖，但暴露在冷空氣中久了仍會凍僵，只好咬牙硬撐。半天工作下來往往灰頭土臉，全身木屑。

　　三餐自己煮，Barb 提供食材，平時下不下廚這時候便見分曉。早餐通常是吐司塗花生醬、果醬，興致來了就煎顆蛋，泡杯熱茶或牛奶，加上一碗喜瑞兒玉米片便可以打發。午餐是義大利麵＋馬鈴薯丁＋水煮花椰菜＋大量起士，佐以番茄醬。晚餐稍有變化，義大利麵＋馬鈴薯丁＋水煮花椰菜＋大量起士，佐以奶油白醬。或許是天氣冷加上勞力工作的關係，導致食量變多。

鹿大便

熊爪痕

熊爪痕

十字狐

狼骨

禿鷹

紅狐

中午工作結束後，下午就是自己的時間。我喜歡健行，便從農場旁開始亂逛亂走。帶著相機、望遠鏡、水、夾克出發探索。農場周圍有不少動物活動，常見到咖啡色短橢圓形一顆顆成堆的鹿屎，新鮮的仍保持溼潤，顯示剛排出不久；舊的則乾燥龜裂。還看過樹上的熊爪痕，五個爪子劃過樹皮，見到後我不免左右張望擔心牠就在附近。某天 Barb 帶我到附近一處草叢裡，赫然見到一具白骨，身長相當於一隻大型犬的大小，上下顎利齒森森……是一隻狼。原來這隻狼騷擾牛、馬等牲口，被男主人 Pete 射殺，現在剩白骨靜靜躺在地上，陰森森的獠牙讓我感到毛骨悚然。

Duke 不願走出農場大門

鋸木廠

Duke

大狗 Duke

　　農場養了一隻大狗 Duke，體重約有 40 公斤，平日在農場裡這邊躺躺、那邊逛逛。如果牛或馬進入建築物附近，Duke 會趨前吠叫把牠們趕出去，主人不希望牛糞馬糞到處都是。如果有野生動物出現，Duke 也會追上去驅離。有時候夜間聽到牠的吠叫聲，總會好奇又有什麼動物出現，但屋外黑漆漆一片，我也不敢貿然外出查看。黏人的 Duke 喜歡在人腳邊磨蹭，用吻端頂你的手討摸摸，或是乾脆仰躺在地露出肚子討摸。摸著牠軟軟的毛，總讓我想到以前家裡的狗狗。有時夜裡牠會睡在小木屋門外前廊上，知道牠在那我就安心不少。下午外出健行時，牠也會跟來走在前頭帶路，如果我落後太多，牠會停下來或回過頭找我。有個地方牠絕不會跨過去──農場通往聯外道路的大門。牠跟著我走到門邊，我直直走出去回頭一看，牠停在門那頭凝視我，彷彿有道隱形疆界橫在那裡。Pete 說，狗不被允許離開農場，怕牠出去闖禍。以前鄰居的狗跑出來咬死別人家的雞，被他開槍射殺。我心想是別人的狗他才下得了手吧！結果他說，萬一 Duke 跑出去，他會開槍。

　　Pete 經營一家小型鋸木廠，雇用四到五名員工。他們根據訂單將木頭裁切成適當大小。農場這棟新房子就是他自己蓋的。傍晚工作結束他都坐在客廳躺椅上看電視，我跟他就有一搭、沒一搭的聊。他話不多，但很有想法，曾經提到他對上帝和外星人的看法。有次我問他：「你這輩子做過最瘋狂的事是什麼？」他想了一會兒，詼諧的答：「大概是跟 Barb 結婚吧！」說完，我倆哈哈大笑。

Mantracker　獵·人

　　有天 Barb 跟我説，鎮上將舉辦一個募款活動，其中有一個競賽項目叫「Mantracker」，問我想不想參加。電視上有一個同名實境節目，兩個徒步的人是「獵物」，要跑到終點，並且不被獵人抓到；另外兩個騎著馬的「獵人」則在後頭追蹤。賽程長度介於 17～60 公里間。獵物手上有地圖，地圖上標記著終點；獵人沒有地圖，只能憑藉獵物留下的腳印等蛛絲馬跡追蹤。地形多變，包括：森林、河流、湖泊、沼澤等，獵物甚至要游泳渡河以擺脫獵人追蹤，獵人則會在獵物後方大聲吼叫驚嚇對方。節目看起來頗為緊張刺激。在 Barb 慫恿下，我決定報名參加。

　　比賽開始前，每位參賽者需繳納加幣 20 元，募款所得將用於社區發展上。Barb 的女兒借我一件迷彩衣，獵人則騎在馬背上暖身，看起來要玩真的。獵人和獵物各有四位，除了我一個東方臉孔之外，其他都是本地人。獵物拿到的地圖上標記了終點和幾個橘色記號，每個記號處樹枝上綁著色帶，獵物必須蒐集所有色帶，並躲過獵人追蹤回到終點。場地約三個足球場加起來那麼大，當中有灌木叢、樹林、窪地等。

　　參賽者各就各位，比賽開始。我原本跟另一名隊友同一組行動，在尋找色帶的路上被獵人衝散，邊跑邊喘。有幾次獵人發現我朝我衝過來，我連忙往灌叢濃密處鑽，他們在我背後相距只剩幾公尺，開始大聲叫嚷吆喝，威脅要騎馬踩扁我，我心臟狂跳，好在有灌叢擋住他們進不來，只能騎著馬在外圍繞圈。我打算仰躺在地，讓獵人以為我已經離開，低頭一看地上好多一顆顆的鹿屎，但為了欺敵只好硬著頭皮躺下去，然後動也不動。眼睛盯著上方交錯的樹枝，耳朵聽著馬蹄聲、風聲，心想「好棒」可以喘口氣。不知過了多久，蹄聲漸遠，我小心翼翼起身張望，然後時而高、時而低往終點移動。抵達時見另外三名隊友已經等在那裡，比賽結束。我累壞了，但很高興成功逃脫。

　　結束後一名記者訪問我參賽的心得，結果我上報了，哈。

《Clearwater Times》周報

Dunster 車站

雜貨店

佛雷澤河流經山谷

主屋

Dunster ——不列顛哥倫比亞

　　第二家農場在小村子 Dunster 裡，連很多加拿大人都不知道這個地方。它位於羅布森谷（Robson Valley）中，有佛雷澤河（Fraser River）流經。佛雷澤河是不列顛哥倫比亞省中最長的河流。Dunster 人口數不到五百，非常迷你。村子裡唯一一家小雜貨店還兼作郵局。本地居民多以農牧業為生。鐵路蜿蜒而過，不時聽見火車鳴笛聲。

清理庭園

　　農場主人 Curtis 和 Bonnie 是美國人，定居在此十多年，年紀加起來超過一百歲的他們在此享受退休生活。農場裡有一個溫室、幾塊種花的花圃、後院中一窪水塘，還有一大片圍住綿羊、駱馬的圈地。圈地再過去是蜿蜒流經的佛雷澤河，以及河對岸重重疊疊的山巒。

後院水塘

池邊長著香蒲

一夜白雪

時值 4 月末，寒冬剛過，農場中一片荒蕪，百廢待興。我在那裡的工作是整理環境，清除滿園枯乾死去的花草植物。Bonnie 說，他們的後院要借朋友舉行婚禮，婚期在 7 月，在那之前必須備妥場地，因此他們兩位老人家帶我一起捲起衣袖，下場幹活。

後院的面積略大於一座籃球場，搭有花架供爬藤類攀爬，並以石塊圍出植栽區種植花草。中央水塘中有不少乾枯的水生植物，岸邊停放一小艇，水塘中一座木製拱橋橫跨水面；岸邊另一側砌成一狹長形淺瀨區。Curtis 說，水塘中有約一隻手臂長的彩虹鱒（rainbow trout），鱒魚會到淺瀨區產卵。此種魚體側分布有如註冊商標般的瑰麗色彩，可惜我早也盼、晚也盼，就是沒盼到魚蹤。

水塘邊的蠑螈

四輪越野車

　　為期兩周的清理工作於焉展開。用釘耙耙梳地上斷枝殘幹，將其堆入拖車中，再騎四輪越野車掛載拖車，拖至遠處傾倒。四輪越野車是農場的基本配備。農場內唯一鋪設柏油的路徑只有聯外道路，其他都是泥巴、軟土、水坑、灌叢、草地等，不利於一般車輛行駛的基底。越野車四顆輪胎既大且厚，能輕鬆越過崎嶇複雜的地形，又不易因尖銳礫石磨損而爆胎，因此成為農場內主要交通工具之一。

　　除了清理工作之外，鬆土、播種等也是這個時節的工作項目之一。經過一季的低溫封凍，土壤結構變得緊實，為了增加其透氣性，好讓植物根部較容易吸收土壤中的養分及水分，所以需要鬆土。鬆土要使用鬆土機，我操作的機器類似割草機，機器前方有輪子，人推著推桿可以前進或後退，機器底部有旋轉的扇葉翻攪土壤。另外一種較小型的機器：一根長柄上方有握把，末端有兩個旋轉扇葉；因為體積小方便操作，也易用於狹窄畸零地。

　　北美溫帶地區的溫度較低，不利農作物生長，溫室栽培則可提高作物存活率，並延長作物的生長時間，因此溫室在北美十分普遍。這個農場的溫室不大，約5、6坪，兩側為種植區，中央是走道。Curtis和我種了一些番茄、青菜的幼苗，必須每天澆水。

溫室澆水

剛出爐的披薩

做披薩

巧克力餅乾

做餅乾

農家生活

　　三餐跟著主人一起吃。Bonnie
很會做菜，從餅乾、披薩、漢堡、
麵餅等，樣樣自己來。廚房歸她管，
每每經過廚房都見她在那使勁揉麵
團、預熱烤箱。我喜歡吃甜食，餅
乾是我的最愛之一，但有生以來頭
一回見識餅乾的製作過程則是在她
家廚房。她問我喜歡吃什麼口味，
然後將巧克力、蔓越莓、花生、杏
仁等放入麵團揉勻，再將和好的麵
團捏成一小塊、一小塊放上烤盤，
送入烤箱。隔著玻璃，我欣賞著一
場魔術表演，見證高溫將原本的麵
團烘焙成略為發脹、表面微焦的餅
乾，香氣滿溢令人口水直流。在那
裡餅乾吃到飽，每天肚子都很撐。

煎餅

手工麵包

蔓越莓餅乾

晚餐

家庭自釀啤酒

有一天，我看她在洗啤酒玻璃瓶，以為是要做資源回收，結果她說瓶子要用來裝自己釀的啤酒，然後讓我看一大桶深褐色汁液。她愛喝啤酒，乾脆自己釀。味道還不錯呢！

每年的這個時節，農家開始準備展開新一季的莊稼生產，村民們會在佛雷澤河畔沙洲上舉辦派對，慶祝春天的到來。參加者以家為單位帶來一道菜和飲料、啤酒、桌椅等，大夥聚在一起聊天社交、烤熱狗、烤棉花糖。他們玩一種「擲馬蹄鐵」遊戲：沙地上插著一根樁，兩人一隊，兩隊競賽，從距離樁 12 公尺外，輪流將馬蹄鐵投擲向樁，距離樁最近者得分。一個下午在沙洲上嬉笑歡樂。一周以後，融雪導致水位上漲，沙洲沉入水底，要到來年的這個時候才會再浮出水面。

河岸沙洲

烤熱狗

全世界最小的鳥類──蜂鳥

　　冬盡春來，萬物復甦。Curtis 説，蜂鳥差不多快回來了。果不其然，幾天後窗外就出現十分迷你的身影飛來飛去。蜂鳥是全世界最小的鳥，我看到的種類 Rufous，長度約 8 公分，體重約 3 公克，翅膀每分鐘振動 50 ～ 200 次，速度快到發出嗡嗡聲，像是一架迷你戰鬥直升機，這也是其英文名字 humming 的由來。牠們可以臉朝前向後飛，也可以在空中振翅保持定點不動，高超的飛行技巧令人刮目相看。細細長長的鳥喙如同一根吸管利於吸食花蜜，但牠們也捕食小蟲。公鳥除了白色胸部之外，大部分呈橘紅色，喉嚨部位的斑紋在陽光照射下閃現亮燦燦的金屬光澤，十分搶眼；母鳥則大部分是綠色的。

公鳥喉嚨部反射的金屬光澤

母鳥

公鳥

033

可以載我一程嗎？——加拿大‧阿拉斯加野地漫遊

罩著捕捉網的
餵食器

捕捉蜂鳥

吸食糖水

標記

腳環

被標記的蜂鳥

　　牠們是候鳥，冬天南飛到南邊溫度較暖的墨西哥灣一帶過冬，夏天則往北移動到加拿大洛磯山脈等地繁殖，飛行距離約 3,200 公里。以季節性遷徙行為而聞名的鳥類，如加拿大雁等，飛行距離相當長。但體重僅僅 3 公克的蜂鳥要飛越 3,200 公里的漫長旅程，則相當不可思議。這些小傢伙挺得住狂風侵襲，而不致被吹得東倒西歪嗎？牠們究竟如何能辦到？

　　Curtis 協助學術單位研究蜂鳥，試圖找出牠們遷徙的路線。他用的方法：捕捉→標記→釋放。房子前後懸掛了好幾個餵食器，餵食器內倒入糖水，下方有數個吸食孔，容蜂鳥插入長長的嘴喙。餵食器外裝置了一個可以收放的網子，待牠們群聚時一舉收網。然後 Curtis 會一隻隻捉出來檢視，有的以前被捉過有標記，有的是第一次被捉。他戴上放大鏡，用尺規測量鳥的長寬後，上腳環，再用顏料點在頭上當記號，最後放走。蒐集到的資料交由學術單位彙整。若其他地區的研究者捕獲 Curtis 標記的鳥，就可以得知這隻鳥飛到了哪裡、牠的活動範圍大小，以及遷徙路線。

　　蜂鳥的領域性頗強，若一隻個體占據了餵食器後，牠會驅趕其他個體，故常見這些迷你戰鬥機在空中追逐來去，嗡嗡聲不絕於耳，熱鬧非常。

黑熊

母熊帶小熊

黑熊睡醒

　　春天是甦醒的時候，尤其對睡了一整個嚴寒冬季的黑熊、灰熊來說，去年秋天儲存在體內的脂肪都消耗得差不多了，該起床填飽肚子。有一天，Curtis 和我要去附近城裡辦事，他提醒我帶上相機，路上有機會遇到熊。Curtis 説：「每年這個時候牠們從冬眠中醒來，會到路邊吃草充飢。如果某一年沒在路上看到熊，那會是很不尋常的事。」沿途我滿心期待，結果槓龜，一隻都沒看到。幾天後 Bonnie 帶我出門，終於在路旁草地上遠遠的看到一隻黑熊，雖然距離很遠看不清楚，但還是很開心，有生以來遇到的第一隻野生黑熊。

　　第二隻熊是某天下午，我在村子裡騎腳踏車時，瞥見 11 點鐘方向，樹林中一個黑影，是熊！體型不小，距離我約 20 公尺，牠似乎正打算橫越馬路到另一側去。我停下來拿出相機，正好擋住牠的去路，牠盯著我看了幾秒鐘，我心臟怦怦跳，結果牠轉身跑進樹林裡，留下我在路邊。我鬆了一口氣，還好牠沒有衝過來。

自動照相機

後來第三隻熊、第四隻……在 Dunster 我大概看到十來隻熊，其中還有母熊帶小熊，多半是我騎腳踏車時看到的。也因為附近到處都有野生動物，Curtis 特地在農場邊的樹林裡安裝自動照相機，照相機下方附有一個紅外線感應器，一旦偵測到物體移動則會觸發相機快門拍照。這部相機曾拍到鹿、黑熊、狐狸，甚至美洲獅等動物。

鹿

幼麋鹿

幼鼠

地鼠

S'more

結束了在 Curtis 家兩周的換宿後,我到他朋友 Kim 和 Ken 家幫忙整理庭院,他們的兒子 7 月要在家舉行婚禮,必須把庭院整理好。院子前停了一輛大小如小型巴士的露營車,是我往後兩周的住處。駕駛座、副駕駛座就如一般車子一樣,有方向盤、儀表板、排檔桿等;中段是窄窄的衛浴間、餐桌、烤箱、爐臺、水槽;後艙則是一張雙人床。食衣住行在一部車裡就能搞定,可惜我不能開著它走,但住在裡面的兩個禮拜啟發我對「行動的家」的美好想像:開到山邊睡山邊,開到湖畔睡湖畔,這是另外一種旅行方式,將來有機會一定要嘗試看看。

小巴露營車

Kim 和 Ken 夫婦倆白天都各自在外有工作,家裡只剩我,我就問 Ken,如果我上午工作結束後要出門晃晃,是否應該鎖上主屋的門。他的回答真讓人傻眼:「不要鎖,因為我們不知道鑰匙在哪裡。」只能說鄉下地方的治安真好。

露營車內部

我要離開的前一天傍晚,Kim 在院子前生起一場營火,將棉花糖串在籤子上加熱到微焦後,放上一塊巧克力,外面再用兩片餅乾上下夾住。巧克力遇到烤熱的棉花糖後漸漸融化,吃起來很甜膩,Kim 說這叫 S'more,是「some more」的簡稱,一種學童在野營時會吃的甜食,名稱則是因為小朋友都會要求多吃一塊:「I want some more.」故有此名。

床

3.2

夏季

Tagish ——育空領地

　　夏季是農作物欣欣向榮的時候。7 月份我搭便車往北到了育空領地（Yukon Territory）南邊的小村子 Tagish。跟之前待過的 Dunster 一樣，這裡沒有市街，僅有唯一一家旅館複合經營餐廳；社區活動中心是附近居民社交聚會的場所。我即將去的是一間家庭農莊，女主人 Shelley 前來約好的加油站載我。30 多歲的她有三個正值學齡的孩子，但他們並沒有去學校，Shelley 採用「在家教育」——家中即學校。她同時也是救護車護士，平時在家待命，家中一支無線電全天保持暢通。家中三個小男生非常活潑好動，整天都聽她扯開嗓門喝止小孩的調皮。身兼媽媽、老師及職業婦女三個角色，每天忙得團團轉。男主人 Martin 是木匠，時常外出工作不在家。

Tagish 河

農場主屋

小孩與狗

飯廳

菜園

　　她的農場裡養了馬、乳牛、豬、羊、狗、一籠雞、兩隻天竺鼠。一區菜園以鐵絲網圍起來，一個小溫室種滿了植物，一個資源回收站堆滿鋁罐、玻璃瓶等。我的工作是負責菜園澆水，由於夏季日照長達15小時以上，且當地氣候乾燥，一天需澆水兩次。青菜少見蟲蛀，而且不噴灑農藥，我猜可能是溫帶地區的蟲害較副熱帶的臺灣要少。此外，雜草長得比青菜茂盛，也需要拔除。

　　我在那裡的作息基本上是跟著他們一家人。不同於之前待過的農場，每天有固定工作時間，工作之餘就是自己的時間；在這裡三餐跟著他們吃，負責例行性的澆菜、餵食動物等工作，有時候 Shelley 外出，我要幫忙照顧三個小男生。教友來家中聚會唱詩歌，我也搬張椅子坐在旁邊聽。他們出去玩也帶我一起去，就是把自己當成這個家庭的一員。

溫室

落水鵰

遊行

落水鵰

　　有一次，我騎腳踏車去不遠的 Tagish 河邊，河裡水量頗大，見到許多人在河上的一座橋釣魚，附近棲息著一些以魚為食的白頭鵰，或翱翔高空、或停棲枝頭。突然間眾人一陣騷動，滔滔河面上一隻白頭鵰載浮載沉，隨著水流往前漂，翅膀不時張開揮動。好奇怪的景象，我沒聽過白頭鵰會在水裡活動。這時聽到旁邊有人喊：「牠被釣魚線纏住飛不起來。」原來如此，是受困。這時有小艇划向這隻落水鳥，應該是試圖搭救，但牠可能以為小艇上的人要對牠不利，反而越見掙扎。所幸白頭鵰越漂越近岸邊，最後牠一躍上岸，站在岸上休息，滿身溼淋淋的很是狼狽。好在聽說後來動物救援人員有到場處理。

國慶日

　　7 月 1 日是加拿大國慶日，慶祝 1867 年通過的《不列顛北美法案》，使得當時三個殖民區統一為一個國家。各地紛紛舉辦慶祝活動，熱鬧非常，像 Tagish 這樣的小地方也不例外。一大早，Shelley 就張羅著三個小朋友穿衣穿鞋，然後往橋的方向出發。抵達的時候，橋上人行步道已有許多民眾扶老攜幼談天說笑。不久，橋的另一頭浩浩蕩蕩一列遊行隊伍通過，隊伍最前方是兩名身穿紅黑色軍裝，腳踢正步，精神抖擻的士兵；後面跟著一輛輛汽車、貨車，甚至農用曳引機等車輛，有的插著國旗，有的綁著氣球，有的在地上拖著鐵罐，或是在車上布置其他造型作為裝飾。車上的人也都化了妝，跟路旁圍觀群眾揮手致意。現場瀰漫歡樂氣氛。

BBQ

原住民表演

　　遊行過後，人群往社區活動中心移動。只見活動中心前的廣場好幾條排隊的人龍，兩三個烤肉攤冒著白煙和香味，民眾排隊領取漢堡、熱狗，旁邊還有蛋糕、水果、洋芋片等，以上這些統統免費。廣場上還有原住民身著傳統服飾進行舞蹈表演，北美的原住民都有著一臉東方面孔，有人說他們的祖先早在遠古的冰河時期，就從亞洲橫越「白令陸橋」（Beringia，包括現今阿拉斯加和俄羅斯之間的白令海峽）抵達北美洲。

世界最小的沙漠

　　附近有一個號稱「世界最小的沙漠」──Carcross沙漠。這個地方很久以前被冰河湖淹沒，隨著冰河退去，沉沙底層露出水面，加上盛行風的強力作用之下而形成。美國黑松是少數能在此生存的樹種。有一天 Shelley 帶全家人及另外兩名德國籍換宿者一起去沙漠野餐，在沙地上鋪了餐巾，再拿出家裡帶來的三明治、水果、餅乾、飲料等，一票大人、小孩席地而坐。吃完飯，脫了鞋，大家在沙上跑跳玩耍，還爬上一個高高的斜坡向下衝。

Carcross 沙漠

　　當時我在這個未經碰觸、杳無人煙的北方疆界裡，不知為何憶起過往的一些事，想起一年前的今天，家中狗狗甘迺迪過世的情景。於是撥了通電話回家，要我姐放些零食在牠的骨灰盆栽裡。有些事早已忘記要去記得，但有些事卻始終記得不能忘記。走得再遠，依然想念。

甘迺迪

可以載我一程嗎？──加拿大、阿拉斯加野地漫遊

半島一隅

牧場

夕陽

Anchor Point ──阿拉斯加

　　結束了 Tagish 的換宿後，我搭便車到阿拉斯加的 Anchor Point。它是位在基奈半島（Kenai Peninsula）上，一處約兩千人的小鎮。男主人 Greg 來載我，他跟老婆 Kathy 經營一家牧場，裡面養了二到三十隻駱馬、十幾隻羊駝、三匹犛牛、一窩蛋雞、馬、狗等動物，另外還有一個大型溫室。

　　Greg 白天另有一份工作。頗具規模的牧場有忙不完的雜務，由 Kathy 一肩挑，她需要很多幫手，因此他們同時接待多名換宿者，我待在牧場期間一共有六名年輕人在此，有美國人、法國人和臺灣人。我和一個美國人睡拖車屋──由車輛掛載後拖著跑的車屋，其他人睡帳篷。

擠羊奶

現擠羊奶

擠羊奶

　　每日例行工作：擠羊奶、餵動物、牽出駱馬和羊駝、撿雞蛋、溫室澆菜、做飯、洗碗等。一大早需要兩個人進羊圈擠羊奶，先把羊牽上一個特製平臺，臺子前有個可以開關的架子用來固定羊頭，然後放些飼料安撫羊的情緒，再用毛巾擦拭乳頭處清潔，羊奶桶置於乳頭下方，五指呈 OK 狀握住乳頭，四指由上而下依序往大拇指按壓，白色乳汁成水線被擠出。有的羊在擠乳過程中會亂跳亂踢，嚴重者還需綁住一條後腿始能擠乳。擠壓的重複動作對於不習慣者如我，很容易就手掌發酸。熟練者如 Greg 可以雙手各握一乳頭擠壓。

被牛追

　　動物的食物除了牧草和乾料之外，還有新鮮青草。青草必須到附近草地去割，一夥人拿著宛如死神拿的大鐮刀、小鐮刀收割。

　　有一天早上，我和美國人 Jason 各拖著一具裝滿牧草的塑膠雪橇，走進牛圈餵犛牛。牛圈面積可能有一個足球場那麼大，地形如一只碗，兩端高，中間低。我們

羊圈

牽駱馬吃草

把牧草拖到另一頭傾倒，三匹牛身披長毛，頭頂長角，亦步亦趨的跟在我們後面。卸下牧草，我和 Jason 拖著空雪橇往回走，這時，聽到身後傳來鐵蹄擊地聲，回頭一看，不得了，一隻牛吃錯藥般朝我倆狂奔而來，另兩隻牛見狀也跟著衝，三隻龐然大物來勢洶洶。我倆見了這驚人氣勢都嚇傻了，拔腿就跑，雪橇也不要了，Jason 跑向一旁圍籬，連抓帶攀的翻出去，落地時腳步不穩還跌了一跤，我則是跑到柵門邊。三隻牛見玩具跑了便興致全消，收足慢步。頭一次被牛追，我跟 Jason 相顧駭然。

生麵團

發酵中

切麵團

捲可頌

麵包出爐

出爐的麵包

做麵包

　　麵包在北美是主食之一，很多人都會自己做。在這個牧場，Kathy 教我們如何做，是工作項目之一。照著食譜將麵粉、水、鹽等按比例混合揉勻，直到揉成麵團；然後將酵母及調味料或內餡等揉進麵團，蓋上布巾靜置一段時間作為第一次發酵；接著再次徹底搓揉並靜置，發酵過程中麵團逐漸膨脹，非常神奇；然後將它送入烤箱。我在麵團裡加了大蒜粉，當烤箱一打開，蒜味撲鼻，外層呈黃褐色，真想咬一口。其他人做出藍莓、肉桂麵包，評價都很高。法國女生嘗試做可頌，雖然模樣不如麵包店的那麼蓬鬆，但仍十分可口。

海葵

海葵、海星

摸蛤仔

有一天，Kathy 帶大家去附近一片海灘上「摸蛤仔」，參加的人必須先購買釣魚證。釣魚證有許多種，依是否為當地居民及效期長短而異，我們購買非當地居民的 3 日證，價格是 35 美金。當地人十分守法，海邊不定期有州政府漁獵部探員巡查，無照捕魚的罰則不輕，切勿以身試法。我們帶上一特殊工具——手臂長短的圓柱形中空鐵管，直徑約 15 公分，上方有一握把。使用方式：雙手握住握把，用力將鐵管旋轉插入沙中，再取出管子檢視是否有蛤仔。我們到達時，海邊已經有人在摸了。換上雨鞋、沼澤衣等裝備下水摸蛤仔——竹蟶（razor clam），尺寸大者有手掌長，藏在沙中。鐵管鑽沙很費力，沒幾下就腰酸手酸。海邊有許多五顏六色的海葵和海星，將潮間帶妝點得很是繽紛。

阿拉斯加食物鏈

Kathy 提醒我們，家裡兩隻小小狗如果放出室外活動，必須有人陪同在旁，因為附近的白頭鵰會抓小狗。我在報紙上看過一則新聞：一對來自美國本土的老夫婦開車到阿拉斯加旅遊。車子開進加油站加油時，兩夫婦下車活動，順便讓寵物狗出來放風。誰知一個轉身，不知哪來的一隻白頭鵰迅雷不及掩耳從空中俯衝而下，兩爪攫住小狗，翅膀拍兩拍帶著狗飛走了，現場留下看傻了眼的老夫婦。而報紙報導這則新聞的標題為「來自美國本土的小狗，加入了阿拉斯加的食物鏈」。

艾伯塔

04

大塊山河，
洛磯山脈
*Can you
give me a ride?*

4.1

國家公園

洛磯山脈在地質上是北美洲
西部的主脊，北起加拿大不列顛哥
倫比亞省，南到美國新墨西哥州，
連綿的山系跨越兩個國家。其代表
性景觀是大片大片無植被覆蓋的
裸露岩層和頭角崢嶸的山勢。

從遠古時期開始，美洲原住
民就已經在此定居生活，他們捕
獵美洲野牛、山羊、魚等動物，並
採集漿果為生。到了 16 世紀，歐
洲白人進入這個地區，帶來了馬、
槍支和疾病，使原住民人口開始減

Moraine 湖

少。白人開發毛皮、礦產、林業等資源，並發展農牧業，某種程度改變了自然景觀。
後來隨著環境保護意識的抬頭，此地區陸陸續續設立了多個國家公園，並發展觀光
遊憩。如今，夏季觀光人潮和冬季滑雪對當地經濟，有著舉足輕重的影響。

此地區的國家公園，最負盛名者當屬美國的黃石（Yellowstone），和加拿大的

湖面倒影

Peyto 湖

蜿蜒在國家公園中的公路

路易斯湖

班夫（Banff）。黃石公園是世界上第一個國家公園，主要位於懷俄明州，境內知名景點有老忠實噴泉，以及豐富的野生動物。

　　班夫位於亞伯達省，是加拿大境內第一個成立的國家公園，北與賈斯柏（Jasper）國家公園相鄰，南連庫特尼（Kootenay）國家公園，西與優鶴（Yoho）國家公園相接，成為加拿大洛磯山脈的國家公園群，風景秀麗，野生動物繁多。對外交通有鐵路和公路。

健行

　　6 月時，我和一同在度假村換宿而認識的朋友前往班夫健行。一行約十人，分乘兩輛車。第一站是路易斯湖，抵達後差點被湖畔多到滿出來的遊客嚇跑，拍照取

攀岩者

山羊

媽呀！好陡

景很難不拍到人頭。旁邊一家看似城堡的大旅館非常宏偉氣派，占盡地利的絕佳位置讓湖中風光盡收眼底，猜測住一晚要價不菲，不過在如此的湖光山色中硬生生蓋起一座人為建築，不免有些破壞畫面。

　　我們沿著湖邊步道往冰河原前進。出發沒多久就見到有人在攀岩，幾乎垂直的岩壁上高高掛著人，雖然綁上繩索做確保，但看上去還是很刺激。路徑開始往上攀升，遊客少了，只剩健行者，路上逐漸出現殘冰。沒多久見前頭的人抬頭望向上方陡直岩壁指指點點，是山羊！白色毛皮很容易辨認。牠們偏好在垂直峭壁間活動，憑藉險峻地形躲避美洲獅等掠食者侵擾；其足部為分趾蹄，且蹄尖銳利，正好用來咬住崎嶇的岩壁。只見牠們三三兩兩慢步覓食，或是舔食岩壁上的礦物質，完全無視於下方駐足圍觀的遊客。

（ photo by Toni Llobet Nogués ）

　　越往上走積雪越深，皚皚白雪在陽光照射下異常刺眼，必須配戴墨鏡，否則雙眼暴露在強光下沒多久就會目不視物，對眼睛是很大的傷害。積雪因日照溫升而融化溼滑，需謹慎慢步通過。走了約 3 小時，全身出汗，終於到了步道盡頭：白色冰河圍繞覆蓋著深色巨大岩體，風吹如刀刮，冷熱交替著凍結脹裂，不見一丁點植物的綠，回望路易斯湖縮減成一小塊藍。這是只有自然之力作用的空間。

野生動物

　　回程下山路上看到一隻豪豬（porcupine），遠看還以為是一叢黑色低矮灌木，要不是牠移動，還真看不出是動物。名字裡雖有個「豬」字，但在分類學上是屬於齧齒目，為老鼠的親戚。牠全身長滿又長又密又尖銳的硬刺，用來防禦掠食者，遇危險靠近時會轉身以尖刺朝向敵人；尖刺會因刺入敵人體內而從豪豬身上脫落，脫落處會長出新刺；牠們會爬樹，但動作緩慢，所以才演化出那一身扎人的刺吧！

豪豬激張的刺

長相憨厚的豪豬

當天晚上投宿附近的青年旅館。隔天一早，我們一行人動身前往堡壘山（Castle Mountain）瞭望臺。堡壘山，顧名思義山形看似一座巍峨聳立的城堡，整片整片光禿禿的岩壁如同一道無從撼搖的屏障鎮守天南，其獨特造型是國家公園內一個從大老遠就能望見、無法忽視的地標，崎嶇的山勢是受侵蝕作用而形成。沿著山徑上行，路旁有罕見的野生拖鞋蘭，桃紅色的花瓣嬌豔可人。越走路徑越陡，每個人都氣喘吁吁。將近 2 小時以後上到一個平坦處，視野極佳，可見蓊鬱的森林中，一條溪流蜿蜒，再過去是一列橫亙的山脈，山頂白雪皚皚。大夥停下來休息，賞景拍照。

青年旅館（photo by Toni Llobet Nogués）

堡壘山

拖鞋蘭（calypso orchid）

山上合影（photo by Toni Llobet Nogués）

回程路上，遇到兩次「塞車」，頭一次是前方車輛紛紛靠邊，待我們開到近處，見路邊一隻大公鹿正低頭吃草，頭頂四仰八叉的鹿角十分雄壯威武，遊客紛紛拿起相機拍照。另一次，我們又遇到塞車，有了前次經驗，所有人都用力拉長脖子想知道前面的人有何發現，結果是一隻大角羊，頭上的角呈圓形彎曲，身上羊毛似乎因為正在換毛而顯得參差不齊。只見牠沿著湖邊悠閒漫步，心裡或許納悶路邊這群人盯著牠瞧什麼。

松鼠

大角羊

大公鹿低頭吃草

大公鹿

搭纜車

灰熊

有一天，我去路易斯湖附近搭纜車。纜車所在的山坡是一座滑雪場，冬季時供滑雪客搭纜車上山滑雪。纜車有兩種：密閉式類似貓空纜車，電動門開合供乘客進出；另一種是供滑雪客乘坐，開放式的簡單長形座椅和腳踏板，人坐上去後上方一根升降桿降下作為確保。我坐的是後者。頭一次坐這種纜車感覺十分新鮮，風當頭吹來，往上越爬越高，360 度的視野盡收眼底。這時，對向迎面而來的兩名乘客指手畫腳的朝我大喊：「有熊！」告訴我在第幾根支撐柱旁。我超級興奮，往下一看，一隻大灰熊就在我腳底下 20 公尺處，全身咖啡色皮毛體態壯碩，自顧自低頭吃草，完全無視於頭頂上方驚呼的遊客。纜車繼續往上，又見另一隻灰熊，也在低頭覓食。我感覺像中樂透一樣興奮。

纜車摺頁上標示著「加拿大洛磯山脈最佳的灰熊觀賞處」作為宣傳，果真不是誇大其辭，纜車網站（www.lakelouisegondola.com）上還有一個「目擊月曆」，標示著幾月幾日發現熊蹤。我回到地面時詢問工作人員，他說有一隻母熊的名字叫作「喬」（Joe），經常在這個地區活動，園方本以為牠是一隻公熊故取了個男性名字，誰知是誤會一場。冬季時，熊冬眠後就看不到了，要等到春天牠從冬眠中甦醒過來才會再見到。從山腳遙望，仍能見到灰熊，牠變成山坡上的一個小點。

山頂有間野生動物教育解說中心，以影片、聲音、看板、專家演講等方式提供此區域的自然環境及動物生態等資訊，十分具有教育意義。山頂視野頗佳，可以遠眺河谷對面的山脈森林等地景。

另一次，我們一車四人經過班夫國家公園附近，瞥見路旁鐵軌上一隻黑熊在閒晃，我們靠邊停車下來拍照，距離牠約 20 公尺。這隻熊毛色黝黑，體型渾圓壯碩，是我見過最大隻的黑熊，估計超過 200 公斤。牠見有人駐足圍觀，盯著我們瞧了幾秒，突然

鐵軌上閒逛的熊

黑熊目露凶光朝我們走來

直直走過來，目露凶光，可能以為晚餐有著落了，把我們嚇壞，開始大喊大叫，還好他見狀轉頭走開。

在國家公園內很容易可以見到動物，因為園區內所有物種都受法令保護，禁止狩獵，所以動物都不怕人，可以近距離觀察。不像在非保護區的動物，一見到人車老遠就跑了。

野地精神

帶上一瓶水、一臺相機，我喜歡一個人在荒野中獨行。也許是朝向山谷中一處制高點，或者道聽塗說的某個祕境，更多時候，就只是漫無目的地走著。在礫石軟土或新舊積雪上，以腳底感受尖凸磨蝕脆裂粉撲的不同節理，草葉枝條刮拂肌膚的粗細質地。腳步越放越慢，越慢越輕。索性席地而臥，枕著大地之母，放鬆四肢朦朧睡去。一片清明中，鳥兒鳴囀、河水匯流的聲音在耳畔遞送。醒了過來，但聞陽光、雨水經植物泥土吸收後吐納出的清芬。就這麼靜靜的體察野地不發一語的氣息，感覺自然的脈動。單單意識及此，便足以濾除身心沾黏的俗世文明鬱積，彷彿也接近佛家所說的「無言靜境」。

在野地裡巧遇的動物們，尤其是構造上與人類相近的哺乳動物，都會在我心頭亮起奇異的光彩。呼吸著相同濃度的空氣，處於相同的環境溫度中，腳底下踩踏著相連的土地，甚或在眼瞳的表面留下彼此閃現的身影。人類和動物的生活空間，從遠古時期祖先們依靠土地提供飲食所需而重疊；隨著文明發展和時代變遷，現代人幾乎可以完全獨立生活在人為環境中，徹底隔開大自然的種種，包括野生動物。偶然的相遇，激起了血液中幾乎退化丟失的遠古脈衝。我永遠不會知道，與一個人類的遭遇，對牠們而言代表著何種意義，僅僅能揣測其張牙舞爪之下的情緒感受。這些優雅從容、倏忽來去的生命是一種象徵，直接反映桀敖不馴的野地精神。

4.2

Beaverfoot 度假村換宿

6 月的時候，我抵達 Beaverfoot Lodge 這個度假村換宿。它位於優鶴國家公園邊上，四面環山，風景優美，最近的人類聚落在 40 分鐘車程外的 Golden 小鎮。

度假村附近不知名的湖

優鶴國家公園

花瓣上舉的冰河百合（glacier lily）

國家公園內的松鼠

馬場、木屋

這裡的建築物有一棟兩層樓的主屋、幾間小木屋、露營地、婚禮草坪、篷車、馬場、三溫暖等。主屋的一樓是大廳、餐廳和廚房，二樓是客房，地下室是儲藏室和洗衣房。包括我在內的幾名換宿者都住二樓客房。

度假村規模不小，經理 Raph 一家四口住在園區內，另有兩名全職員工，澳洲人 Scott 是大總管，加拿大人 Sam 是馴馬師，

主屋（photo by Toni Llobet Nogués）

國際換宿者們（photo by Toni Llobet Nogués）

度假村附近的 Wapta 瀑布

其他都是來來去去的換宿者，人數最多時約有十來個，分別來自德國、西班牙、巴斯克（Basque Country）、臺灣、韓國等地，非常熱鬧。

　　不同於農場，這裡的工作包括客房及餐廳清潔、洗碗、場地維護、劈柴、遛馬等。工作時間從上午 11 點開始一直到下午 6 點，午餐時間也休息。所有人於 11 點時在大廳集合，Raph 或 Scott 分配當日工作。我都好好利用 11 點前的空檔，早起騎腳踏車到處晃。距離度假村 6 ～ 7 公里的路邊常常見到一隻小黑熊出沒，體重估計約 40 公斤，常見牠在路旁覓食。有一次我從牠面前騎車經過，距離不到 10 公尺，牠兩眼緊盯著我，身體不動，頭部隨視線由左往右擺。我心臟怦怦亂跳，又不敢轉頭直視牠，怕牠會獸性大發衝過來。好在相安無事。

小熊

車子來了

大塊山河・洛磯山脈──艾伯塔

劈柴／冥想

　　劈柴，是我最喜歡的工作
之一，以前都沒做過。大廳及小
木屋中有取暖用的火爐，還有蒸
氣室的熱源，燃燒的就是劈成小
塊的柴。斧頭有大有小，我喜歡
大把的，比較夠力。劈柴不難：
將木頭直立固定於樹頭製成的底
座上，然後雙手持斧高高舉起，
瞄準落斧點，一口氣往下劈，勢
如破竹，木頭應聲被劈成兩半向
左右飛出。落斧的時候，如果稍
有分心就可能劈歪或斧頭彈開，
必須百分之百專注，心無旁鶩，
斧連手，手連心，一氣呵成。對
我而言，每一劈都是一次冥想，
全身的感知、細胞都為了這一下
而屏住呼吸，就像全場球迷鴉雀
無聲等待著投手的最後一球，是
精神上的完全集中，是意念上的
絕對純粹。這是我有生以來少有
的，不參入一丁點雜質的時刻。
而手起斧落的快意，更是無可替
代的精神舒張。後來體認到，只
要是採取行動就要如劈柴一樣，
因為行動是想望和結果之間的連
結，必須沒有遲疑，一擊即中。

劈柴（photo by Toni Llobet Nogués）

tepee、馬群

tepee

　　北美地區對木材的依賴頗高，使用木材來建築十分普遍，度假村中多數建物也都是木製，從構築和修繕中，我見識到木材的可塑性。Raph 買了一頂原住民傳統圓錐形白色尖頂帳篷（tepee），這種帳篷需要長長的木柱支撐，於是 Scott 帶上電鋸到樹林裡找合適的木頭，必須找死掉的，不要活著的，長度約 10 公尺，需要 14 根。選定木頭後，他先決定待會樹倒下的方向，然後在樹的一側鋸出缺口，再從另一側橫切至幾乎斷裂，然後往樹身一推，如此一來樹木會倒向期望方向。我們拿著磨砂機和刮刀將木頭表面磨至光滑，然後上樑，所有木柱圍成圓錐形，上端綁住，最後把大帳篷披在外面。結果披上去後發現柱子長度不夠，只好重來，再鋸 14 根。終於一頂白色 tepee 在草原上搭了起來，很有昔時北美印第安人游牧生活的情調。

騎馬（photo by Toni Llobet Nogués）

　　馬場的木頭圍籬需要更換。Scott 帶我們重新打樁，挖出一個深坑，插入木樁，覆土回填踩踏緊實，然後找來替換的木頭，測量好長寬粗細後，用電鋸刀鏈在兩端加壓磨出接合面，再用螺絲槍固定，如此便更換完成。放眼看去，偌大一個馬場的圍籬都是這樣一釘一槌敲打出來，教人好生佩服這種從無到有的毅力。

騎馬

　　度假村裡養了約十匹馬，供客人騎乘。平時馬兒並不關在馬圈內，而是任由牠們四處活動，甚至會走出園區範圍。若客人預約騎馬，Sam 就要到處搜尋找牠們回來，可見在這裡生活相當自由。若一段時間無客人騎乘，為保持馬兒對配掛鞍具和負載乘客的熟悉感，Sam 會找我們換宿者去騎。每匹馬的個性都不同，有匹公馬不讓其他馬靠近牠的女伴，縱隊行進時這兩匹一定要走在一起；另一匹黑馬生性孤僻，

不與同類為伍，總是形單影隻，有人說牠是遭群體排擠；也有的果決果敢，遇陡坡二話不說一拐一撐就下去。

我的騎馬經驗屈指可數，一跨上馬背就只能任憑牠往東或往西。有時走到半路牠偏偏要停下來低頭吃草，看牠自顧自咀嚼得津津有味，我也不忍提韁繩阻止。涉水而過時我則慶幸不用自己走這段泥濘路徑。走完一圈回到園區裡，馬兒可能知道快要卸下背上這個負擔，突然嘶鳴著小跑起來，我緊緊抓著韁繩和馬鞍，萬一從馬背上這個高度摔下去應該會很痛。下了馬，踏上地面，才體會到「腳踏實地」的安穩，也更加佩服 Sam 馴馬、御馬的本領。

園區中有一個大池塘，成因不知是天然或人為，面積約有半個足球場那麼大，有時會有水鳥在此活動。有天早上我散步到池塘邊，見遠處水面上有東西在動，是一隻水鴨媽媽身後跟著九隻鴨寶寶，受了驚劃向池邊，第一隻鴨寶寶還揹在媽媽背上，一家子就這麼拖泥帶水的逃走。往後幾天我小心翼翼到池邊窺探，卻沒再見到牠們。岸邊停了一艘小船，某天我們一群人就划船下水，享受盪漾在碧波間的愜意。

水鳥一家人

很有個性的經理

　　經理 Raph 很有個性，沒事的時候可以開玩笑打哈哈，但情緒一來會破口大罵，我見過兩次他叫罵著趕走客人，以及罵哭換宿者。有一次，兩個男客一老一少入住主屋二樓客房，聽說他們本來預訂的是露營地，但人到了之後堅稱訂的是客房，這是爭端的開始。過了一晚，隔天早上 10 點是退房時間，但還不見人影，Raph 直接上樓敲門，很不客氣的說：「你們還剩 10 分鐘可以打包離開！」當他倆拎著行李下樓，便跟 Raph 吵了起來，Raph 還朝他們咆哮，我們幾個旁觀的換宿者都看傻了。

　　另一次，當時露營區有一群種樹人，要在這裡住三個禮拜，白天他們外出到附近種植區種樹，傍晚回到度假村餐廳吃飯。他們吃飯時抱怨東西不好吃，Raph 聽到後竟然把那一夥 人全部趕出餐廳。隔天同一時間他們再來吃飯時，每一個都客客氣氣，還跟廚師說東西很好吃，看了就想笑。還有一次是三名德國女性換宿者邊工作邊嘻嘻哈哈，Raph 見狀以為她們在偷懶，就不客氣的對她們大小聲，把她們罵哭。

　　換宿雖然不像一般簽契約的工作那樣正式，有白紙黑字明確規範，而是傾向於主客雙方口頭約定。但換宿者的心態會影響主人的態度，這一點必須留意。

　　Raph

大漢山河・汶萊山區──艾伯塔

阿拉
斯加

05

野性難馴

*Can you
give me a ride?*

"Way up north / north to Alaska / the rush is on / they crossed the Yukon river and found the bonanza gold / he talked to his team of huskies as he mushed them through the snow / with the northern lights a running wild in the land of the midnight sun..."《North to Alaska》by Johnny Horton（節錄）

「往北出發／出發到阿拉斯加／淘金熱已經展開／他們橫越了育空河發現好多金礦／他告訴他的哈士奇雪橇犬們他會駕著狗隊通過積雪／在北極光舞動的午夜太陽之地……」《往北去阿拉斯加》強尼哈登

　　阿拉斯加位於北美大陸的西北端，是美國五十個州裡面積最大的一州，但並不與美國本土相連。阿拉斯加東與加拿大的育空領地、不列顛哥倫比亞省相接，北鄰北極海，西濱太平洋。面積雖大，卻是人口最稀疏的一州。將近一半的人口居住於最大城市安克拉治一帶。此地經濟多仰賴天然資源開發──石油、天然氣、金礦、漁業等，以及日漸繁榮的旅遊業。

此區居民原為印第安人，18世紀以後，歐洲人踏足此地。俄羅斯探險隊登陸後，發現此地海獺毛皮質量俱佳，富商業價值，於是在沿海一帶建立殖民地，逼迫原住民為其獲取皮草。19世紀，美國國務卿席沃德（Seward）力促國會以7,200萬美元自俄國手中買下阿拉斯加，但當時這塊土地給人的印象就是一塊寒荒不毛之地，無怪乎這項交易被嘲笑是買了一個「席沃德的冰箱」。後來有人在此發現了金礦，各種關於淘金的風聲不脛而走，吸引大批來自美國本土的人前來一圓淘金夢。捕鯨、鮭魚、海豹等資源也都陸陸續續被開發。第二次世界大戰期間，日軍與美軍數度於阿拉斯加沿岸交火，美國政府為加強後勤運補，著手興建公路。

馴鹿角、第拿里山

巨大冰河上健行的人變成小點點

北美最高峰──第拿里山

20世紀，此區域的北極海一帶發現蘊藏石油，於是從阿拉斯加最北端建造起全長 1,285 公里的巨大輸油管直達南端港口。不幸的是，1989 年油輪在瓦迪茲撞上碼頭，原油大量外洩，1,700 公里的海域遭受波及，導致上千隻海獺、數十萬隻海鳥及無以數計的海中生物喪生，這場史無前例的環境浩劫重創了當地生態系統。

　　我對阿拉斯加的最初印象則是來自文學書寫和電視影集——傑克·倫敦《野性的呼喚》，約翰·繆爾《阿拉斯加之旅》，蓋伊·賽利伯里、萊尼·賽利伯里《極地 700 哩》；紀錄片《灰熊人》；影集《漁人的搏鬥》、《阿拉斯加金礦的賭注》等。那塊土地是遙遠的、蠻荒的、瑰麗的、不留情的、孤注一擲的、不可親的、令人敬畏的，任何人膽敢輕視那主宰洪荒的自然力量，必遭嚴厲對待。

公馴鹿

馴鹿群

公麋鹿

狼

狼群

5.1

North to Alaska

　　阿拉斯加的距離感對某些人來說反而充滿吸引力，欲一探究竟。我的旅程一路往北到達育空領地，再往北就是阿拉斯加。時值 7 月，日頭到半夜 11 點仍未落下，12 點室外仍有餘光，此時若身處遠北地區便可見到「午夜的太陽」（midnight sun），日照之長不是來自副熱帶地區的我能夠想像。也因為長日照，戶外活動的時間大大增加。

　　結束了 Tagish 小鄉村的農場換宿，農場主人載我去白馬鎮（Whitehorse）。因為我要去阿拉斯加，在車上，主人就播放美國歌手強尼哈登的《往北去阿拉斯加》，一首 60 年代的鄉村歌曲，簡單的旋律配上低沉嗓音很有復古味道。

開貨卡的「Frank」

　　我在白馬鎮外攔到一輛車，一位開著貨卡的大叔（不記得名字了）結束城裡採買要回家，車內堆滿蔬果、肉、貨物、大袋狗飼料等。他經營一家鋸木廠，家裡也接待旅人打工換宿。聊到野生動物，車子正在行駛，他要我握住方向盤，然後兩手

交握成團狀貼上口部吹氣，產生發自喉部的低沉共鳴——模仿母麋鹿叫聲，他雖一臉認真，我仍忍俊不住笑出聲來。他說，有次上山打獵如此這般假號，一隻聞聲而來雄性荷爾蒙衝腦的公麋鹿出現，不久另一隻體型更大的公鹿現身趕跑第一隻，趾高氣昂在找發情母鹿，這時又來一隻更形魁梧的公鹿搖頭晃腦踱著步，第二隻見狀腳底抹油就跑了。

　　他記不住我的名字於是問我，然後他反問：「那你記得我的名字嗎？」對名字一向不敏感且同一天已搭三輛便車的我，窮搜記憶庫後「Frank」這個名字跳了出來，便心虛問道：「Frank？」在哈哈大笑中，他用力拍我肩膀一下。到他家時已晚上8點，幫忙卸貨，客廳裡六、七個人，他打趣要我向他的家人說：「我跟『Frank』回來。」語畢，一堆狐疑表情望著我倆，超級尷尬。看了看天色，他問我是否要繼續

上路攔車，還是今天到此為止，他說如果我累了想休息可以睡他家。眼見天光仍亮可以再攔車往前推進，便告別他們一家人走往馬路邊，但他們的友善讓我猶豫了，對自己說半小時內攔不到就回去。眼看時間將屆，偏偏這時一輛車停了下來。如果選擇回他家過夜，旅途後半可能發展出很不同的情節。**人和人之間的遇合，因為這些無可強求的錯身而過，更顯雋永。**

美加邊界

　　停車載我的是位原住民頭目，車子後方拖車上一大堆夾板。抵達 Destruction Bay 已是凌晨 1 點，兩人協力卸完貨到 2 點半。幸運遇到頭目的一位女性朋友要去阿拉斯加安克拉治，隔天一大早 5 點被挖起床出發上路。

　　抵達美加邊界時，約上午 8 點，檢查哨靜悄悄。咖啡色加拿大護照跟綠色中華民國護照同時遞給一位美國海關官員，咖啡色護照刷一下感應器被遞回，海關拿著綠色那本左瞧右瞧再瞧瞧車內這對臺、加組合，被瞧得頭皮發麻的我盡力裝出自以為看起來最友善的笑容。海關丟出一連串問題：「你們怎麼認識對方？為什麼要來阿拉斯加？要待多久？有朋友在這嗎？」我戰戰兢兢一字一句回答，所幸海關大哥還算滿意。

　　最後一個問題：「要如何離開？」我心想如果答「搭便車」九成九會被拒絕入境，於是回答：「搭……朋友的車。」海關大哥今天心情還不錯，放行後我跟同車的她都鬆了好大一口氣。其實我說的是實話，後來我的確搭上朋友的車離開，一位在離邊界不遠處讓我上車的「新朋友」。

邊界附近，一隻小熊過馬路

美加邊界

載我越過邊界的女生

不求回報的善意

　　今日天公作美、豔陽高照。進入阿拉斯加後，車窗外一切景物都顯得明亮鮮活，令人捨不得眨眼。抵達本州最大城市安克拉治時，已經晚上 8 點，在擔心過夜問題時遇到 Edam，他的貨卡載了大大小小的工具。剛結束一天工作的他不能載我一程，但請我吃麥當勞，買了一份套餐，怕我吃不飽，又加點一個漢堡。

　　碰巧他親戚家晚上沒人，便帶我去那過夜。他逐一講解屋內熱水器、微波爐、抽水馬桶、濾水器、車庫拉門、總電源開關的使用方式及注意事項，叮嚀這、叮嚀那。大致上解說完畢，他準備要回家，留我獨自在這棟房子裡時，他從皮夾拿出 20 元美金，要我收下備用。他幫我的已經太多，這個錢我不能拿。正推辭著，他說如果我沒用到，就把錢交給下一個有需要的人，將互助的精神傳遞下去，他以前也曾受過別人幫助。原來這個錢不是給我，而是給一個有需要的人，沒理由再推辭。他跟我素昧平生，只不過在街頭相遇就願意這樣照顧我，心裡暖暖的。接過紙鈔，令人印象深刻的一段話，讓我得到助人的啟發。洗個澡睡一覺，精神大好。

Edam

Edam 親戚家

誤打誤撞

　　在 Girdwood 的加油站問便車時見到 Carol，我走上前問她能否載我一程，她打量著我，說要考慮一下。一頭白髮的她，像個導遊，沿途介紹經過的歷史遺跡、冰河地貌，帶我參觀博物館，遇到景點還帶我下車拍照，這大概跟她在遊客中心的工作經驗有關。後來甚至幫忙打聽，介紹我到 Homer 一家農場打工換宿。那家農場是我最喜歡的換宿經驗，我學到如何製作羊奶起士、優格；農場旁的小溪甚至有鮭魚洄游產卵。我們都覺得很奇妙，三周的農場停留竟然是透過搭便車口耳相傳而來。

　　後來她朋友告訴我，依 Carol 的個性不會在路旁讓陌生人上車，但她很高興載了我一程，給我機會體驗 Homer 這個迷人小鎮的風光，一切都算是緣分吧！

基奈半島

圖騰柱

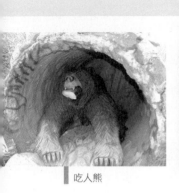

吃人熊

Carol

防熊噴劑

在 Denali 國家公園結束了五天四夜的露營行程，見識到北美第一高峰的壯闊，心滿意足要攔車離開，一對滿載露營用具的年輕美國／德國情侶靠邊停車，遺憾的表示車上沒空間，不然可以載我一程，然後祝我好運。

第二輛停下來的車帶我前進了若干公里後，我又回到路邊攔車。這時，那對情侶又迎面朝我開來，還滿臉笑容，原來他們調整物品挪出空間，特地回頭要載我，卻不見我在原地頗為失望，想不到我還在路邊。車上分享在國家公園的見聞，他們健行了好幾天，當我提到看見狼群還讓他們雙眼圓睜，並驚奇於我下一個目標──北極熊。要下車時，他們拿出一罐防熊噴劑堅持要我收下防身。又一次，我被這人和人之間相互關懷的溫情打動。且背包裡多了這一小罐，知道情況緊急的時候能做些什麼，讓人在進入野地時安心不少。

防熊噴劑

Denali 國家公園

美／德情侶

伊朗大叔

　　返回加拿大的路上，來自伊朗、移民加拿大的 Hamid，在 Delta Junction 撿起我，跟他從阿拉斯加跨越邊界回到加拿大，一起旅行了兩天，見到北方疆界的高山大河，以及沿途許多車上綁著獵來的馴鹿。由於路程長，途中我倆還換手開車。肚子餓了就停在路邊，他拿出車頂的爐具在荒郊野外炒起麵來，或者夾夾三明治，很有野炊的即興味道。年過半百的他說，年輕時跟父親要錢買車，父親給他錢，但要他離開動盪祖國，從此他離鄉背井到異鄉謀生。結束跟前妻的婚姻時像被打入地獄，很想念兒子。事過境遷，現在他只想享受人生。在他照顧之下，三餐無虞，還邀請我進賭場看秀，晚上一起擠在休旅車裡睡，只不過他的打呼聲在耳際震耳欲聾地迴盪。後來他說，他把我當兒子一樣照顧，因為希望當他兒子需要幫助時，別人也能這樣照顧他。

Hamid 和我在路邊夾三明治午餐

北方遼闊大地

美加邊界附近的小村子 Chicken

獵鹿人

育空領地

　　揮別他後過了四個月，我的旅程接近尾聲。當我回到溫哥華準備搭機回國時，順道去拜訪他，他熱情的招待我，聊著別後四個月的旅程。最後幾天我借住他家，睡沙發，整理登機行李，他還要幫我洗衣服，說回到家，讓家人見到的是穿得乾淨整齊的我。百忙中還帶我進溫哥華市區逛逛，買買紀念品，最後送我去機場，說下次換他到臺灣玩。

5.2

《阿拉斯加之死》

"On bended knee is no way to be free / All my destinations would accept the one that's me / so I can breathe / got a mind full of questions / Everyone I come across in cages they bought / They think of me and my wandering / but I'm never what they thought / I've got my indignation but I'm pure in all my thoughts / I'm alive / Wind in my hair I feel part of everywhere / Underneath my being is a road that disappeared" 《Guaranteed》 by Eddie Vedder（節錄）

「有所屈服則無從得到自由／只有我嚮往的地方能夠接納我／也只有在那個地方我才能自在呼吸／我有顆充滿困惑的心／每個我遇到的人都被關在他們自己構築的牢籠裡／他們臆測我和我的浪遊／但永遠都不能了解我／我雖充滿憤怒但思慮澄澈／我是真正活著的人／風吹過髮梢帶著我到天涯海角／我的存在是指向一條已經消失的道路」《Guaranteed》艾迪維德

報導文學《Into the Wild》（中文譯名：阿拉斯加之死），是一則真人真事的故事，也是一本深深觸動我的書。1990年5月，一名來自美國東岸，甫自大學畢業，成績優異，前途似錦的青年——克里斯，在畢業典禮結束後就此失蹤，音訊全無。憂心忡忡的家人雇用私家偵探到處打聽他的下落，才發現他銀行戶頭存款一毛不剩，除此之外，查不到關於他的任何消息。兩年後，1992年9月，這名年輕人的遺體在阿拉斯加偏遠地區一條小徑中被發現，經解剖推斷是死於飢餓。

這則事故登上當地報紙頭條。本書作者強‧克拉庫爾（Jon Krakauer）得知之後，好奇克里斯的遭遇，於是展開追蹤，由一個個零星線索逐漸拼湊出這個故事的大致面貌。

故事緣起

克里斯出身富裕人家，但他和父母親之間有嫌隙，互不理解。他無法接受父親的外遇。他的個性比較偏執，不能容忍道德瑕疵，當同儕忙著玩樂時，他關心的是社會弱勢和嚴肅議題，並且某種程度持守禁慾。對法律教條等規範他嗤之以鼻，當別人問他有沒有取得打獵執照時，他說：「我怎麼填飽肚子跟政府無關。」

畢業典禮結束後，他把銀行存款全捐給慈善機構，並把所有家當全塞進他的二手車裡，無任何計畫，朝西出發。抵達一處遊憩區後，他乾脆連車子和不必要的行李都拋下，再掏出口袋裡剩餘的紙鈔，點起一根火柴全部燒掉，然後徒步上路。

在動身前往阿拉斯加之前，他曾在美國中部從事收割穀物的臨時工賺旅費，當時的雇主韋恩回憶道：「我曾經雇用許多旅人，大部分都不是真的想工作，但克里斯不同，他是我所見過最認真的人，不論什麼工作他都全力以赴。」「有時候他太努力要讓世界有意義，想理解為什麼人們互相傷害。」當工作結束，克里斯繼續流浪時曾寄明信片給韋恩，表達受雇賺錢的感激之意，上面寫著：「……有了這些錢，流浪太容易了。在我身無分文，得為下一頓覓食的時候，日子比較刺激……我想繼續過一陣子這樣的生活，這種自由和純樸的美實在教人無法捨棄。」

他也曾寫信給讓他搭便車的隆：「隆，我真的很感謝你提供的一切協助……我認為你真的應該徹底改變生活型態，勇敢地做你以前從未想過、做過或猶豫半天卻不敢嘗試的事。這麼多人活得很不快樂，但卻不主動改變這種情況，因為他們受到

史坦必德小徑路口

安全、服從、保守主義的生活制約……人生的歡樂來自我們接觸新的經驗,因此再沒有比每天面對不斷變化的地平線及不同的日出,更能令人喜悅。如果你想要由人生中獲得更多,就必須先放棄追求安全但一成不變的習慣……隆,簡而言之,走出沙爾頓市,上路吧……只要走出去實行,你會非常非常高興自己這麼做了。」

史坦必德小徑

1992 年 4 月底,克里斯搭上最後一趟便車抵達阿拉斯加的史坦必德小徑(Stampede Trail)入口,載他的是本地人加利恩。下車時,加利恩拿出一雙橡皮靴、兩個三明治要克里斯帶走,他認為這男孩會需要,克里斯則拿出手錶、梳子等堅持要加利恩收下,並道:「我不想知道時間,不想知道日期,也不想知道我在哪裡。這些都不重要。」然後這個孤獨的旅人踏上覆滿白雪的小徑,進入荒野。

神奇巴士

　　沿著步道，涉過溪流，兩天後，他來到步道中一輛廢棄舊巴士旁。巴士內有床板、爐具，後來他以這輛「神奇巴士」為根據地住了下來，靠採集莓果、打獵維生，過著遺世獨立的生活。在日記中他描述：「我再生了，這是我的黎明，真正的生命才剛開始。用心的生活：對生活的本質有著警醒的關注，並持續注意周遭的環境及與其相關的事物……」

　　兩個月後，他似乎滿足於在曠野中生活所體驗到的簡單純粹，想回到人類社會，便收拾行李往回走。但是 4 月底他涉水而過的小溪，到了 7 月份融雪時水勢大漲，水位高到無法通過，他只好折返回巴士。在曠野中食物取得不易，漸漸的，熱量攝取不足，身體虛弱等問題浮現。後來他又誤食有毒植物，使身體狀況每況愈下。他在巴士門上貼了張求救紙條，無奈沒人經過。最後，病弱的他在書頁上寫下簡短遺言：「我已過了快樂的一生，感謝主。再見，願上帝保佑所有的人。」然後爬進母親為他縫製的睡袋，孤獨死去。這個故事後來被拍成同名電影。電影插曲《Guaranteed》由 Eddie Vedder 演唱，歌詞意境很能反映那種充滿疑惑並執意尋求解答的心靈狀態。

"Continued Success"

WHERE: Bus 142 on Stampede Trail

WHEN: June 4, 1992

Today Alex's log records day:

38.　A THIRD PORCUPINE!

　　SQUIRREL

　　GREY BIRD

Alex bags one porcupine a day for the last three consecutive days, along with other wildlife. Two of the porcupines are placed on chairs as trophies to his hunting prowess.

本人照片——克里斯打獵維生

豪豬大餐

巴士內床墊

克里斯死前身影

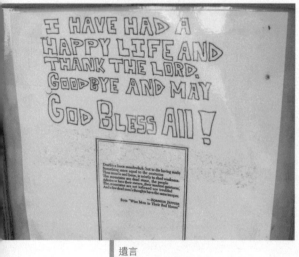

遺言

巴士內部

攔車去史坦必德小徑

　　讀完這本書之後，我很有共鳴。克里斯放棄物質和文明，遠離人群，一路攔便車獨自進入阿拉斯加的曠野，這個唯美旅人追尋的是精神上的原鄉。每個旅人的每一趟旅程，或多或少都包含「追尋」的成分，但當中的許多都是以遊樂為出發點。克里斯是少數擇善固執、無從妥協的典範。

　　我從 Denali 國家公園攔車要去史坦必德小徑一探，一個中年大叔撿起我。路上聊到這個故事，他問我：「是否想進入這條步道？」「了解步道的情況嗎？」等問題，彷彿怕我學男主角孤身進入荒野似的，後來索性載我去步道入口瞧瞧。他告訴我，十多年前他在這裡遇到故事主人翁克里斯本人，知道克里斯想獨自進入史坦必德小徑時，他告訴克里斯準備不足，不應該冒險，但克里斯不聽。沒預期會遇到曾經見過故事主人翁的見證人。當年他也是用這樣的口氣勸告克里斯嗎？當大叔講述這段往事時，彷彿有種來不及拉他一把的扼腕飄浮在空氣中，即便過了十多年。

野性鑑賞──阿拉斯加

06/

田園生活，秋冬

*Can you
give me a ride?*

6.1

Homer —— 阿拉斯加

讓我搭便車到 Anchor Point 的 Carol，後來介紹我去 Homer 的一家農場。Homer 位於阿拉斯加基奈半島的末端，是一個人口有五千多人的濱海小鎮。相接的克奇馬克灣（Kachemak Bay）中盛產各種魚類，如：大比目魚、鮭魚等，每逢例假日便吸引大批人潮來此休閒垂釣。小鎮邊有一條如地標般的長形岬角，長度約 7 公里，蜿蜒入海，上頭有港口、海鮮餐廳、旅館、紀念品店，是遊客必到之處。

海鮮店外直接處理漁獲

Homer Spit

酒吧牆上貼滿 1 元美鈔

收割

　　Terry 和 Randel 的農場距離鎮上約 30 分鐘車程，位於克奇馬克灣旁的海崖上，從農場望向海灣可以見到海灣另一頭的冰河，冰河淨白冷冽中點綴著淺藍，是我待過風景最美的農場。

　　農場裡有菜園、一片麥田，還養了一群羊、一窩兔子、雞、火雞等。Terry 每天要擠兩次羊奶，然後用羊奶製成起士、優格等乳製產品，再拿去鎮上賣；Randel 剛剛從公路局退休，現在有時間可以敲敲弄弄農場裡待整修之處；Randel 的媽媽 Nelda 已經高齡將近 90 歲，時常這裡走走、那裡看看。

　　我的工作是鋤草，收割麥子，以及餵動物。菜園裡種了萵苣、甜菜根、白蘿蔔、生菜等，都長得翠綠挺拔，根莖飽滿，快要可以採收，不過雜草也長得相當茂盛。麥子是種來餵動物的，我用鐮刀割下一把把綠色的麥子，一部分綑綁成束，吊在穀倉中陰乾作為冬日食糧，其他的拿去餵羊、兔子和雞。

Randel

克奇馬克灣和對岸的冰河

農場主屋

羊奶起士

　　每周約有四天 Terry 要製作起士。製作流程：將羊奶倒入大鍋中煮到沸騰，此時鍋中漸漸分離出浮在表層固體狀看似豆花的乳渣，以及液體狀的乳清。Terry 將黃綠色的乳清裝瓶，說它營養價值頗高，食用後對人體很好，她會用來做菜，還有人專程向她購買。乳渣是做起士的原料，只見她拿塊布巾將乳渣包裹後使勁扭轉擠壓，擠出殘餘乳清，接著將壓乾成團的乳塊放入一個特製的木頭加壓座中加壓，靜置約 24 小時後取出，即為新鮮起士。口味除了原味之外，她還加入不同香料，做出或辣或帶其他香味的口感，供客人選擇。

加熱羊奶

加壓靜置

擠壓乳渣

舀起乳渣

Terry 做羊奶奶油

Nelda 搖奶油

農場自產乳製品（左下往右上）：羊奶、起士、優格、乳清、奶油、冰淇淋

小型露營車

優格的製作則是將羊乳倒入小玻璃瓶中，加入一些優格，然後放入一種形狀像電子鍋，可以控制溫度的容器，內有半滿的水。經過一段時間的持續保溫後，原本液態的羊乳就成了布丁狀的優格。

另外，Terry 也做羊奶奶油：將羊奶倒入一玻璃罐中，蓋上特製蓋子，蓋子內一根長形攪拌棒，直通蓋子外的握把，轉動握把就帶動攪拌，要攪拌一陣子羊奶才會漸漸收乾。我跟 Nelda 輪流攪拌，攪到手酸就換人，最後留下的白色固體即為奶油。

當地生活

在這個農場裡我睡露營車，有水有電，可以煮、可以如廁的小天地。至於三餐，早餐必須自行解決。Terry 給我自家生產的羊奶、起士、優格、雞蛋、麵包等食材，存放在露營車內的小冰箱。每天起床後用車內瓦斯爐煎蛋、煎火腿，做個三明治配羊奶，吃完後準備出門幹活。午餐則是前一晚的剩菜；而晚餐由 Terry 料理。我吃過最令人回味的是煙燻、香煎鮭魚，以及油炸大比目魚，標準的在地食材、在地吃法。

每周四傍晚，在一個社區廣場會有晚餐聚會，廣場中央生起營火，大家圍坐四周，出席者以家為單位帶來一道菜，與其他人共享，菜色由各家決定。Terry 帶去的是羊奶起士，拿一片蘇打餅乾配一塊起士吃；桌上

還有炒飯、酒、壽司、燻鮭魚、焗烤蔬菜、蛋糕、餅乾等食物，每次的菜色都不盡相同，而大家也都很有默契不至於撞菜。社區居民聚集在此聊天、社交。

　　Terry 每周三固定載著乳製產品到鎮上賣，有幾次她順便載我去鎮裡放風。我約了 Carol 喝咖啡順便向她道謝，謝謝她居中牽線；參觀了「Islands & Ocean」遊客中心，裡面介紹阿拉斯加的歷史發展、自然生態和保育現況；沿著 Homer 岬角散步，看看水中的海獺優游，逛逛紀念品店買明信片。

露營車內裝

早餐時間

煎鮭魚

沙灘上的海獺

可以載我一程嗎？——加拿大‧阿拉斯加野地漫遊

冰河湖健行

　　每天工作累了就抬頭望望對面的冰河，那恆定的幽遠空靈似乎可以吸納身體的疲勞。越是遠望，越教人揣想藍色冰山的迷離面貌。跟 Terry 聊起冰河一遊的可行性，過幾天她打聽之後告訴我，有條步道可以接近冰河，而且有遊船載客到步道起點，她會替我安排一遊。太興奮了！出發那天我帶妥裝備，天氣微陰。登上小型遊船後駛出港口，朝冰河前進。同船有另兩名來自美國本土的遊客，船行間還見到海獺仰躺在海面上。船靠了岸，船長交代完回程接駁的時間地點後即駕船離開。我簡單暖身後便動身出發，步道前段是茂密樹林，滿眼翠綠；越走越稀疏，天空越見開闊；後來腳下泥土變成了沙子。

 步道

沙丘鶴

由農場遠眺冰河

約莫走了 3、4 小時，冰河終於現身，只見她據
守山谷，自數萬年前人類還未出現在地球上的時候。
如今全球暖化，冰河加速融解，她的末端形成一個冰
河湖，湖中漂著大大小小的碎冰。下次我再來的時候，
也許冰量更少，水位更高。我撿了一小塊冰，然後拿
出背包裡的果醬和杏桃罐頭自製冰河刨冰，萬年的冷
冽果然直沁心脾。稍事休息後我沿著湖邊亂走，試圖
更接近冰河，卻看見岸上好幾坨熊大便，有新有舊，
雖然沒見到動物，但我決定回頭以策安全。

冰河及湖泊

崎嶇冰面

小碎冰

阿拉斯加牌冰河刨冰

　　抵達遊船接駁點，上了船，駛向一處名為大比目魚灣的小島吃晚餐，這是套裝行程之一。小島曲折起伏，房子沿著岸邊礁石而建，在此出入交通只能靠船。島上有燈塔、餐廳、藝廊、旅館等，是一處觀光景點。晚餐菜餚清一色是海鮮，相當鮮美可口。

大比目魚灣

夕陽

象鼻岩

It's home away from home

　　我在農場待了三周，要離開繼續旅行時，向大家道別。Terry 告訴我，我是第一個來她家的換宿者。當初 Carol 詢問她，是否願意接待我這個半路相識、來自亞洲的年輕人時，她跟家人有過一番討論，女兒還問：「真的要讓一個素昧平生的陌生人到家中來住嗎？」不能怪她，因為換作是我，對一個來歷不明的外國人一定會心存疑慮，我倒覺得她們接納我的決定需要一些勇氣。過了三個禮拜，我準備離開前，Terry 認為多一個幫手的確可以減輕負擔，於是我協助她申請加入 WWOOF，並且成功找到一名換宿者來接替我的工作。Terry 說，我是透過攔便車口耳相傳才搭上線；以後的換宿者則都是藉由 WWOOF 網站而來，「你是第一名的 Chang」她說。

　　我向老奶奶 Nelda 道別，要她好好保重身體，她說：「我會想你。」我說：「我也會想你，不過下禮拜就有另外一位年輕人來了。」結果她答：「是啊！但那不會是 Chang。」

　　離開的那天，Terry 要我從冰箱拿些起士、煙燻鮭魚、餅乾放在包包裡，「能裝多少就裝多少。」她把我當自家人照顧。本來她說要買張機票讓我飛到安克拉治，但我拒絕了，我只是希望當初怎麼來，現在也就怎麼離開。於是她開車載我到鎮外加油站，放我下車，臨別前遞給我一個信封，說裡面是我跟她要的起士食譜。揮揮手看著她離開，我又回到了一個人。打開信封，食譜中夾著五張 20 元美金。

堅持不分開的紅蘿蔔

農場附近的幽浮屋

幽浮屋內部

6.2

Cawston ── 不列顛哥倫比亞

　　12 月份寒冬已至，處在緯度過高地區的農場都因為低溫，農作物無法存活而休耕。幸運的是，我找到一家靠近美國邊界的果園需要人手，便動身前往。當時氣溫已經降到零下 30℃，在路旁攔便車不到 1 分鐘就會全身凍僵，所以我訂了灰狗巴士車票搭車前往。誰知道頭一次搭巴士就把相機搞丟，還要擠在小小的座位中動彈不得，相較之下搭便車真的有趣多了，因此那也是我最後一次的巴士之旅。

　　農場位在一個原住民保留區邊緣，最近的小鎮是 Cawston，車程約半小時。南邊與 Snowy 山保護區相接，白雪覆蓋蒼茫一片。人車稀疏，或許因為季節轉變而出入活動減少。牛群零零星星，點綴在白色背景前猶如一幅靜止的東方水墨畫。一條河流從旁流經，河面泰半結冰，時間的步伐一如河水流速因為低溫結凍而減緩，該是休養生息的時候了。

　　Lauren 和 Walter 是全職果農，擁有大片大片果園，園中種植蘋果、櫻桃、杏桃、李子、梨子、番茄、截瓜等，果樹一排排整齊列隊，井然有序。果園旁養了一群約二、三十隻鴨子，人一靠近就「呱呱呱」叫個不停。農場裡一處馬圈養了六、七匹馬，以前是用作馱獸來拖犁耕地，現在除役後偶爾供人騎乘。三隻重約 30 ～ 40 公斤的大白狗則在農場內外遊逛，吠叫示警驅趕野生動物。此外，還有大大小小的貓鑽進鑽出。

　　我在農場的工作有生火；搬柴；餵貓、鴨子、馬；鋪牧草；剪枝；分裝果乾；裝卸貨等。

山谷中的農場

kəkaʔlistax
x̌əx̌uləxʷ

WATCH FOR
SNAKES

警告：小心響尾蛇

農場所在的山谷

果園

果農

　　這裡的果樹也許有上萬棵，但枝條上已不見任何一片葉子，偶爾一兩顆冰凍的蘋果、梨子，蒂頭顫巍巍連接枝條末端，風一吹便搖搖欲墜。此時節是果樹休養生息恢復地力之際。Walter 買了幾卡車的牧草捆，我們將其拆開成一片片鋪在樹下根部，牧草中的養分會進入土壤而被植物根部吸收，有助於來年果實收成。鋪完牧草後開始剪枝，拿把大剪刀爬上鋁梯，剪掉雜枝，留下帶有果芽的部分。

　　他們除了販售新鮮水果之外，也將水果製成果乾、果汁等產品。當季沒賣完的新鮮水果會被送到外面工廠加工，風乾成蜜餞果乾，但不掺入任何如糖、防腐劑等添加物。果乾的保存期限遠較新鮮水果長，且保存容易、不易腐壞。我們會將各類果乾分裝進小袋子，一袋 26 公克，售價 5 加幣，外面貼上農場標籤。我喜歡這個工作，因為可以邊分裝邊吃。Lauren 提醒我們吃太多櫻桃乾會放屁。離開農場時，我還買了一些果乾準備帶回臺灣當土產。至於壞掉的水果則會拿去餵馬餵鴨，一點都不浪費。

結冰的楓葉

剪枝（photo by Mathieu Trottier）

果乾（photo by Mathieu Trottier）

溫室內的白色管子有熱水流經，以保持溫度

綠色生活

　　農場中有兩棟小房子是供換宿者專用，共有三個房間、一個廚房、一個家庭電影院。室外有一座火爐，熱氣透過管線傳送到房內和溫室保暖，必須維持全日運作，每隔約 2 小時要添加柴火。晚上睡覺前我會把爐子塞滿以換得一夜好眠。Walter 説，如果沒有這套暖氣系統，冬季時水管會結冰，所以他不時提醒我們要確認火勢。我喜歡顧柴火，當時室外溫度約零下 1 ～ 2℃，頗為寒冷，火爐旁則如同夏天，坐在爐子前取暖、烘烘溼掉的手套、烤烤香腸、發呆，貓咪也喜歡到火爐旁取暖睡覺。這附近有美洲獅出沒，Walter 説，某次一位南非來的換宿者夜裡添柴時，驚見爐子旁蹲伏著一隻美洲獅也

換宿小屋

晚餐時間──與德國人 Martin

來此取暖，獸目圓睜的瞪著他，當場把他嚇得魂飛魄散。聽了這個故事後，每次我靠近爐子時都看前看後加倍小心。

房子外面有一大塊看似太陽能板的裝置，傾斜朝向天空，一根管子連接室內，原來這是太陽能暖器板，板子收集來自陽光的熱能，然後熱能通過管子進入室內提升溫度，是不耗電、不製造二氧化碳的天然綠能暖氣。

每天早上餵鴨子時要提一桶穀物當作飼料，鴨子見我提桶子靠近，便紛紛「呱呱呱」的鼓噪起來。Walter 要我將穀物隨機撒進雜草叢中，用意是誘使鴨子鑽進草叢中尋找穀物的同時，一併吃掉雜草。以臺灣人的思維，原本我以為養鴨子是為了食用，結果竟是借動物之力抑制雜草。

火爐

鴨子呱呱呱

內牆塗上泥巴

主屋

　　農場的收入全靠農產品銷售，而銷售管道則是農夫市集。每個周末，Walter 會將水果、果乾、蜂蜜等產品，以及帳篷、桌子、秤等用具裝上貨車，他開 5 小時的車到溫哥華的農夫市集擺攤銷售，回程再從市區帶回農場需要的東西，周周如此。

　　Lauren 和 Walter 住的主屋，跟我在其他地方看到的木屋不太一樣，牆壁看起來像電視節目「大陸尋奇」裡看到的陝北窯洞，像用土夯起來，只有主樑是大段木頭。Lauren 說，這間屋子是用一塊一塊的牧草捆作為隔絕溫度的絕緣材料，牧草捆按照格局堆好固定後，外層再塗以泥巴覆蓋。牧草捆的優點：隔絕效果良好，保持室內冬暖夏涼；就地取材，費用便宜，無需向銀行抵押貸款；建築技術不高，一般人受過訓練後也能體驗親手蓋房子。對於住不慣水泥樓房，且嚮往綠色住居的人來說，牧草屋不啻是另一種選擇。

　　在這裡換宿，見識到許多有機農業和節能生活的運作方式，不使用人工化學肥料和除草劑，取而代之的是牧草和鴨子；食物不會被浪費，人不能吃的就給動物吃；利用太陽能等永續性能源。這些都值得借鏡效法。

排成一列吃草的牛

過聖誕節

　　聖誕節是北美的三大節日之一，連續幾天的國定假日，家族成員都會回家與親人團聚，有點類似臺灣的農曆過年。聖誕節時我在這個農場，主人邀請我與他們家人一起吃聖誕大餐，一桌八個人，桌上滿滿的菜，有沙拉、生蠔、羊排、燉麋鹿，以及主角──烤火雞。我們把每盤菜傳遞給鄰人一輪，讓每個人都拿得到菜，然後開動。

　　酒足飯飽後，他們邀我玩紙上遊戲，我忘記名稱了，遊戲內容為：一個人當裁判，其他人分成兩隊，裁判隨機抽出一張紙卡，紙卡上有一個題目，例如：醫生的工具，先攻的一隊要在 1 分鐘內說出紙卡背面羅列的十個答案，猜中越多越高分，防守隊會東拉西扯、胡言亂語讓進攻方分心，整個場面鬧哄哄，笑聲不斷。

　　隔天我們去滑雪，因為我沒滑過，只能待在小兔子坡練習基本的轉彎，摔了再爬起來，爬起來再摔，連小朋友都從我面前行雲流水般滑過，只能說想學要趁早。

阿拉
斯加

07

生命的循環
*Can you
give me a ride?*

高貴林河

7.1

迢迢歸鄉路——鮭魚洄游

一打開車門還沒下車，就聽到不遠處的小溪傳來劈哩啪啦水花噴濺四射聲，我尚未意會過來，農場女主人 Terry 叫我趕緊抓了相機去溪邊。她知道我喜歡野生動物。

我拔腿狂奔至小溪邊，溪水裡好幾尾大小相當於成人腿長、色澤紅豔的大魚正逆著水流，往淺灘處側身翻轉奮力擺動身軀，擺動力道之強濺起水花陣陣。Terry 說，那是國王鮭（king salmon）產卵，牠們試圖在卵石遍布的溪床上剷出一個向下凹陷的窟窿，好將魚卵產在裡面。我駐足良久，魚兒們一個鬆懈就被水流往前推去，但牠們仍擺動尾鰭執意要游回原處，奮力不懈的精神真令人動容。這是我此趟旅程中期待已久的奇觀，不意在此得見。

國王鮭產卵

洄游小溪

對魚兒逆流而上的最初印象，是來自小時候教科書中「先總統蔣公看著小魚逆流而上」這一段。蔣公看到的是什麼魚呢？老實說我不知道。但隨著年紀漸長，聽說有一種魚真的會逆流而上產卵，而且產完卵當即死去，這樣的故事比起蔣公的更具吸引力。而臺灣也有這種魚的親戚——櫻花鉤吻鮭，只是牠們不洄游。如此種種，便加深了洄游鮭魚的傳奇性和神祕感。

生活史

鮭魚有若干種類，少數陸封型鮭魚終其一生都棲息淡水環境，並不遷移海裡，如臺灣的櫻花鉤吻鮭；多數具有在淡水溪流和鹹水海域間遷移洄游的習性。牠們的生命周期從淡水中魚卵孵化成魚苗開始，剛孵化的魚苗微小到不足以對抗稍強的水流，只能停留溪裡數月並以卵黃囊為食直到長成小魚。小魚順著河道向下游去，沿途取食浮游生物、小蟲、小蝦等，還需避開水鳥、大魚的威脅，一路來到出海口淡水、鹹水交會區。待適應鹹水後游向大海，在海中成長茁壯。

鮭魚洄游河道

洄游魚群

　　一至五年後（不同品種有所差異），長成碩大體型並達到性成熟，本能驅使下牠們開始回頭憑嗅覺記憶找尋出生的母親河，這時由鹹水回到淡水區的鮭魚停止進食，在河流下游和其他鮭魚匯聚成群，展開回溯之旅。牠們逆流而上，奮力躍過湍急瀑布，途中許多魚兒成了掠食者的嘴上肉。幸運回到出生地的魚終於能如願以償進入產卵階段，此時的魚體會產生一連串劇烈生理變化，包括背部隆起、齒顎彎曲如鉤，以及體色從銀灰轉成深紅色。牠們選定溪床產下精、卵，完成生命的循環。產卵後的魚則因為精疲力竭，最後慢慢死去。

生存的挑戰

　　鮭魚族群的存續面臨許多挑戰。沿岸工廠、牧場和農田中的化學物質、牲畜排泄物及殺蟲劑隨雨水沖刷入河，導致水中生物病變。中下游建有阻斷河道的大水壩增加魚兒通過的難度，日新月異的捕魚技術和漁網更能將魚群一網打盡，全球暖化導致水溫上升亦可能對習慣低溫的魚產生負面影響。

生命的循環──阿拉斯加

翻開地方報紙，一大篇幅是關於採礦和環保的爭議。在基奈半島附近，財團 Pebble 礦業公司正在進行一項鑽探計畫，他們認為在該地區地層下方藏有銅、金等礦產。對於這項開發案，擁護者和反對者針鋒相對，一派認為採礦可以創造地方的就業機會，增加政府稅收，並降低對原物料進口的依賴；反對派則認為開礦會對此區的水文造成大規模的負面影響，破壞鮭魚及其他物種的棲息地。

研究顯示，此區域是世界上最大的鮭魚洄游區，有五種太平洋鮭魚在此產卵。當地 75% 的就業市場是鮭魚相關產業。民調顯示，超過七成的當地居民反對開礦，反對的一個主要理由是：礦產的利益只是短期的，總有挖完的一天；鮭魚洄游則已持續了千百年，是永續性的資源。為了眼前利益而犧牲後代子孫享用天然資源的權利，我想多數人都不會做這樣的選擇。

一條河流從高山發源，流經峽谷、森林、湖泊、平原，最後注入大海，串連起不同的生態環境。當中任何一個部分產生的變化，都可能影響相連的其他部分。對生存環境要求頗高的鮭魚則是河流中的指標物種，生態健康與否可從魚群數量窺見端倪。近年來的研究顯示野生鮭魚數量已大不如前，若不積極採取對策，未來的子孫恐無法在溪畔看見洄游魚群。

家，就只有一個

我的北美大陸之旅為期十個多月，沿途有幸見識到許多令人驚嘆的事物。有人問我，想不想留在這個物富民豐的地方。認真思考過，這裡水草豐美的確適合安居，但是洋腔洋調終究不是熟悉的鄉音；故鄉雖小，總是她推了我一把，才有機會走出去看看外面的世界。**連結著精神生命的，是一條斷不掉的根，輸送來自母土飽含情感的養分。**

旅程最後一站到了溫哥華等待回程班機。一個人到高貴林河畔公園散步，也為這趟旅程倒數，意外見到支流中產卵過後已無氣息的鮭魚，用盡氣力不遠千萬里只為了回到出生之地，魚體由於摩擦礫石或遭受攻擊而撕裂見骨。這樣的一心一意，是因為在牠們眼裡，家，就只有一個。

鮭魚保護區

死去的鮭魚

7.2

—

棕熊抓魚

　　我喜歡收看「國家地理頻道」和「Discovery」等知性類電視節目，它們為平淡無奇的日常生活打開了一扇窗，讓我看見外面世界的瑰麗多彩，也開啟我對同一顆星球上其他區域的各種想像。

　　棕熊在瀑布上頭一口咬住躍上半空的鮭魚，是其中令人驚異的一幕。好不容易踏上北美土地，一定要想辦法親眼瞧瞧。

Katmai 國家公園

　　那個地方就在 Katmai 國家公園，位處阿拉斯加西南隅，對外交通工具是船和飛機。訂好機票和露營地後，我搭便車到安克拉治，當晚睡在機場長椅上。隔天一早搭飛機飛往小鎮 King Salmon，再轉乘水上飛機：一般飛機的輪胎換成了兩條大浮筒，起飛跑道換成了河流。不常見的交通工具暗示著目的地的獨特，機上乘客都興奮起來。從空中俯瞰阿拉斯加的地景——彎彎曲曲的河道、雪白的山脈、疏落的森林、廣闊的湖泊，一點人為痕跡都沒有。想像自己徒步在這片曠野上，要很久很久才會遇到人，或者永遠不會。

飛行了約 45 分鐘後，飛機降落在一個湖面上，還沒停穩就有乘客指著遠處大喊：「熊！」全部乘客都擠到窗邊，好不容易我找到窗戶一角，果然遠處有隻深褐色大熊在散步。

一下飛機，早已有等在岸邊的工作人員引導方向，我只好按捺住滿腔拍照的衝動跟著前行。全部遊客被帶往一棟小木屋裡觀看一段影片，前半段介紹環境，後半段提醒人與熊間的安全防護，畢竟這裡並非動物園，熊可能隨時出現在你身邊。看完影片，原本的興奮情緒多了些忐忑不安的成分。

拎著背包前往露營區，營地不小，外圍有細細的白色繩索圍繞，影片說這是通電的電網，但不保證絕對擋得住熊……圍心安就對了，真讓人傻眼。在露營區裡所有食物、牙膏等味道較強烈的物品都必須集中存放在規定的儲藏室，要用的時候取出，用完放回，避免熊聞到味道闖入營地。

公熊抓魚

營地離熊抓魚的地點——布魯克斯瀑布（Brooks Falls），步行約 30 分鐘路程。途中經過一座橋，橋頭有個瞭望臺。瞭望臺上固定有國家公園護林員駐點瞭望，其他路段也有護林員監看，萬一有熊出現在道路附近，他們彼此會以無線

水上飛機

同機的 Kevin

圍著電網的露營地

橋

看臺

電聯絡，視需要封閉道路阻止遊客前進，直到熊離開、狀況解除才恢復通行。沿途沒有柵欄等設施來分隔人與熊，盡量減少人為干擾。國家公園秉持的理念：這個地方是動物的家，人類只是外來者。

走在路上提心吊膽，不知道轉過前面的彎會不會撞見一隻棕色毛茸茸大傢伙。這些大型動物能輕易傷殘人命。在這裡，少了習以為常的物質文明防身，人類不再是現代社會中掌控世界、支配一切的萬物之靈，而只是手無縛雞之力、膽小脆弱的食物鏈一環。意識及此，原本以人類為中心的，連自己都幾乎察覺不出的本位思考，被撕扯得支離破碎。唯一能據以相持的只剩下原始本能。

瀑布旁搭了一個兩層樓高的看臺，熊爬不上來，遊客可以待在上面觀察瀑布的情況。看臺上有觀察區和等候區，觀察區一次約可容納三十人，現場有護林員控管人數，若等候的人數太多，護林員會限制每個人觀察的時間。

觀察區好多支大砲——單眼相機加上長距離鏡頭，砲口一致瞄準瀑布附近的熊。我好不容易等到一個位子，只見瀑布區五、六隻大棕熊泡在水裡等魚上門。牠們彼此間相隔一定距離，很有默契的據守一方，專注於水中動靜，互不干涉。一隻

在旁觀望的熊

熊突然蹲身往水裡一撲，接著「嘩」的熊掌一舉，咬中一隻鮭魚，其他熊紛紛轉頭望去，牠則退開到岸邊大快朵頤新鮮魚肉，其他熊各憑本事陸續也有所斬獲。捕魚技巧的高低這時便一目了然：頭一隻抓到魚的熊吃乾抹淨後回到捕魚位置，沒多久又抓到另一條；有的熊則是一直待在水裡，眼巴巴看著其他熊抓魚吃魚，只有乾瞪眼的份。

又一隻熊成功抓到魚，這時，旁邊一隻大塊頭突然衝上前凶神惡煞的意欲搶魚，捕到魚的一方見狀趕緊丟下魚逃之夭夭，把到手的美食拱手讓出，大塊頭毫不客氣大口大口吃了起來，半點感激之情也無。這樣的情況如同人類社會：有的人本本分分靠自己打拚才掙得一口飯吃；但也有人覬覦他人所有意欲強取豪奪。

母熊帶小熊

占據瀑布區的都是大公熊。後來一隻母熊帶著三隻小熊出現在岸邊，立刻吸引眾人目光。相較於公熊，母熊體型明顯小了一號，牠只待在岸邊留意魚況，一邊照顧小熊的安全，並未進入瀑布區。熊的習性：公熊會殺死小熊以誘使母熊發情交

母熊和三隻小熊

小熊

小熊發呆

配，故多半時候，帶著小熊的母熊會遠遠避開公熊。但母熊為了分泌乳汁哺乳，需要大量食物，洄游鮭魚是絕佳的能量來源，迫使牠甘冒風險帶著小熊來到河邊。

　　好動的小熊在一旁玩鬧嬉戲，摔角相撲，上下爬樹，媽媽則注視著水中動靜。但岸邊並非捕魚的最佳地點，最佳地點早就被公熊占據，母熊苦苦等候卻一無所獲。過了一陣子，母熊對此僵局似乎漸感不耐，牠留下小熊在原地，獨自往瀑布上走去。此一舉動引起在場所有人的注意。牠走到瀑布上方，頭朝下盯著嘩嘩流水，這時一隻鮭魚逆流往上跳，母熊機械反應般張嘴一咬，一分不多，一分不少，剛剛好咬中魚身，看臺爆出一陣歡呼，好像棒球場

鮭魚上跳

上打擊者揮出一支又高又遠的全壘
打。嘴裡啣著送上門的大餐，母熊
回到岸邊，小熊早就圍上來唏哩呼
嚕分食。

　　我終於如願以償見到這一幕，
以前只在「Discovery」頻道看過的
畫面，當下栩栩如生就在眼前——
**棕熊等待著鮭魚，鮭魚等待返回出
生地的時機，像是履行某種記載於
基因中的古老約定，兩個物種自洪
荒以來年復一年在特定時間、特定
地點停駐等待的關係，就在那令人
驚異的一咬，緊緊嵌住。**這一幕後
來甚至在我的夢境裡重演。

熊糞　　　　　　　　　　　水鳥等待熊吃剩的魚

　　固定洄游的鮭魚潮是許多動物望眼欲穿、一年一度的盛宴，像廟裡的大拜拜，包括熊、鳥類、水獺在內的許多物種，都受其餵養。富含磷、氮、硫、碳的魚體，經由其他動物的捕食，在消化作用後以尿液糞便的形式被排出到森林等不同生態系統中。此外，熊很挑食，捕到的魚被帶上岸後，通常只有富含油脂的魚皮等部位被食用，其他部分則遭棄置，這些剩餘肉塊經微生物分解後，能量轉換進入土壤中澤被萬物。

　　看臺於夜間十點關閉，遊客被迫離開，一行人興高采烈於相機捕捉到的影像。河水依然流動，鮭魚繼續洄游，而熊仍舊泡在水中捕魚。

　　隔天一早吃完早餐，收拾妥當，往瀑布出發。天公作美，氣溫不冷不熱，走在湖邊沙灘上頗為愜意。遠遠看到前頭沙地上一團咖啡色物體軟癱著，雖然疑心是不是熊，但又想：熊應該不致於如此扁平，便邊走邊留意，隨著距離縮短，那團東西的輪廓越見清楚，像被棄置的毛毯。當時湖邊只有我一人，沒有其他人同行壯膽，但見它一動也不動，猜測是人為廢棄物，便繼續往前行。直到走離它約 15 公尺，突然，它抬起頭，是熊！我立刻停下動作。牠看起來沒睡飽，睡眼惺忪，打個呵欠又趴回去，似乎沒注意到我。我轉向慢慢走進樹林裡，繞到前方，牠睡得正安穩。剛好一位護林員走來，我告訴他我的發現好讓他警告其他遊客。這裡的熊都跟這隻趴趴熊一樣大搖大擺，對人沒有戒心，因為這裡的確是牠們的──家。

趴趴熊

《灰熊人》

　　棕熊和灰熊的區別，有一說：物種分類上，灰熊屬於棕熊的一個亞種；另一說：以棲息地而論，住在海邊的是棕熊，住在內陸的是灰熊。

　　紀錄片《灰熊人》（Grizzly Man）敘述一位來自美國本土的自然愛好者──提摩西 · 崔德威，與 Katmai 國家公園棕熊間的故事。

　　崔德威在 Katmai 待了十三個夏天。他離群索居，進入國家公園的偏遠地區長駐，以搭帳篷的方式與灰熊比鄰而居，拍攝動物影片。他近距離接近熊，甚至觸摸熊。他認為灰熊接納了他。國家公園方面建議他在帳篷外搭起電網藉以防護，但他拒絕。他拍攝了長達 100 小時的影片，以及大量照片。他不喜歡現代文明，也不喜歡人；相反的，於大自然中與熊為伍讓他感覺自在多了。不幸的是，在 2003 年 10 月，崔德威和女友被發現遭灰熊殺害，而事發當時，攝影機仍在運轉。

這件事登上報紙頭條，並且招來正反兩方不同的評價，有人說他是自然保育鬥士，挺身而出為動物發聲；也有人說他太輕忽灰熊的不可預測，他的行為會危及人類和野生動物，不夠尊重大自然。在前來國家公園的路上也聽人談論此事。我想，動物世界的簡單純粹，對於不適應人類社會而感到失望者，無疑是另一處樂園。無論結局如何，這是發生在 Katmai 這塊熊國度上，人類與野生動物間相濡以沫的故事。

熊腳印

08/

魚與熊掌

*Can you
give me a ride?*

（圖片由 Randel 提供）

8.1

煙燻鮭魚

　　我在阿拉斯加的 Homer 小鎮附近，Terry 和 Randel 的農場換宿時，時值 8 月，正當鮭魚洄游之際，Randel 每天都騎四輪越野車下到克奇馬克灣（Kachemak Bay）海灘邊察看魚汛，回來之後和 Terry 討論海邊情況，並且從倉庫翻出漁網，親朋好友也會來電詢問，可以明顯感覺到這是當地社區的一件大事。

　　Randel 說，捕捉鮭魚對當地居民很重要，因為接下來的冬天就靠這些食物過活。捕魚執照依據性質不同，分為商業及自用兩種，Randel 持有的是後者。自用執照的漁獲允許量是依據持照者家庭成員多寡而有所不同，人口越多額度越高。

　　當地政府對漁業資源捕撈的規範頗為嚴格，明定開放捕撈時間、捕撈區域、魚種、魚體大小，甚至作業人員是否為當地人等，鉅細靡遺，並且嚴格執行。州政府漁獵部在捕魚期間還會派出調查員前往作業區域，探查捕撈行為是否違規；甚至出動直升機，利用衛星定位，由空中追蹤漁船座標視其是否越界捕撈。

　　幾天後，洄游魚群終於達到可供捕捉的數量。Randel 翻閱潮汐時刻表，開玩笑地說那是「海洋聖經」。挑選了開工日子，月中的某天凌晨，所有裝備一一就位枕戈待旦。我們摸黑出發，他說要先去海邊占位子。另外三名當地居民也跟著同行，學習架網捕魚技術。

夜色中生起營火

架網子

麋鹿肉乾

　　一行人分乘四輛越野車在夜色裡疾馳。穿過一個俄羅斯村落後，抵達一處 Z 字形山路上，由此下到海灘。這條路異常陡峭，且坑坑洞洞，我繫好安全帶，抓牢扶

架在沙灘上的網子

潮水上漲

等待魚群入網

　　手，越野車傾斜下行，我上半身要往後仰勉力保持平衡，兩旁漆黑，只看得到車燈照射所及的下方 20 公尺，像在遊樂場玩雲霄飛車。坡道長度約有 200 公尺，迂迴彎曲，最後總算有驚無險下到海灘上。Randel 說，以前有車子在這條路上失控衝下山崖，不幸中的大幸，駕駛雖受到重傷，但撿回一命。後來聽 Randel 的媽媽 Nelda 說，以前她開著曳引機後面拖篷車在這裡往上爬坡，篷車上載了四個小孩，誰知行到半途曳引機突然失控，整輛車連篷車一起翻倒在路旁，她驚慌地哭了，好在四個小孩全都安然無恙。

　　一行人抵達定點後，摸黑架起帆布擋雨，撿樹枝生火取暖，再趁低潮架起漁網，然後大夥圍著營火坐下來煮咖啡、烤熱狗夾吐司吃早餐。有人拿出家裡做的麋鹿肉乾來分食，軟硬適口、鹹香微辣，非常適合當作野營零嘴。

　　天色微微亮了，海面開始顯出輪廓，寧靜的海灘上陸續出現其他人架漁網。不久，潮水開始從遠處一吋一吋爬過沙灘，漫過癱垂沙灘上的漁網，眾人目光也跟著開始聚集。當 25 公尺長的漁網完全沒入水中，人們的期待也隨著潮水達到頂點。

克奇馬克灣的潮差十分極端，高潮位和低潮位之間的平均落差超過 4.7 公尺。
出海口正連接著鮭魚出生的小溪和牠們成長茁壯的大海，是洄游魚群必經之地。

不久，網子附近的水面出現水花，浮球被拉動，眾人一陣歡呼——中魚了！急
著返家的魚群隨潮水湧入，不知情的牠們就這麼一頭撞進網目無法脫身，徒然在水
裡掙扎，直到氣力放盡。

岸邊人們的歡呼對比奄奄一息的魚兒，老實說看了頗為不忍。從小溪裡孵化的
魚苗開始進入大海裡成長茁壯，到生命最巔峰的這個階段再循著幼時記憶返家，眼
見家門已經不遠，但最後返家之旅就這麼結束在這片海灘。

轉念一想，人類、動物取食鮭魚，而鮭魚取食其他小魚小蝦，每個物種都依賴
其他物種存活，食物鏈不過是大自然的運作法則。**抱歉也許多餘，只要心懷感激。**

網子完全沒入水中

收網

海邊碎石坡

白頭鵰

可以變色一起嗎？——放養大　阿拉斯加哥性漁村

■ 海獺游仰式

直到潮水退去取回漁獲前，岸邊都有人駐守，防止海豹前來偷吃漁網上的魚。牠們只露出半顆頭在水面上，兩眼賊賊的從遠處張望岸邊動靜，若岸上的人沒有動作，牠們會越游越近，伺機偷魚吃。Randel 驅趕海豹的方法簡單有力——開槍。他手持霰彈槍瞄準海豹左右兩側的水面射擊，「砰」的一聲水花濺起，海豹倉皇下潛遠遁。

■ 退潮後的海灘

■ 海豹觀望

海獺也會過來湊熱鬧，牠們比較大喇喇，後肢踩水前進，臉面胸腹朝上的游著仰式，一臉無辜。Randel 也會驅趕牠們，因為牠們的出現會嚇跑魚群。

這次捕捉的魚種是銀鮭（silver salmon，又名 coho salmon）。我們上上下下海灘設網若干次，捕獲量都不盡理想。最後一次，或許適逢洄游高峰，一次漲退潮超過六十隻魚中網，達到今年額度的上限，打包收工。

銀鮭

豐收

可以載我一程嗎？——加拿大、阿拉斯加野地漫遊

處理漁獲

鮭魚卵塊

滿腹魚卵

肥嫩魚肚

正收拾著，Randel 拿起剪刀「喀嚓喀嚓」把呈扇形的魚尾兩端都剪掉，因為他持有的捕魚執照是自用，捕捉到的魚不能販賣，漁獵部規定要剪尾以為識別。帶回來的鮭魚需先初步處理：拿掉內臟，去頭去尾，取出一肚子滿滿的橙紅色卵塊。切下腹部油脂豐厚的一片準備煙燻，有的乾煎，其他的放入冷凍庫作為冬季食糧。

Terry 將魚腹浸泡調味料中醃漬半日，直至深色醬汁滲入橙紅色肉片。煙燻器材是一具大箱子，底部托盤可盛放並加熱木頭產生白煙，中間一層層架子放置肉片。開啟電源後箱子冒出陣陣白煙，若干個鐘頭後即告完成。不同木頭燻出來的味道也不同。Randel 說，傳統煙燻法使用的是煙燻室，而插電煙燻箱則是便於操作。

期待已久的家庭自製煙燻鮭魚總算大功告成，暗橙色的魚肉上泛著些微油光，因燻製時間不長故仍保有一些水分，深色血管清晰可辨。一口咬下，質地鮮嫩，口感潤澤，油脂滿溢口腔，一種擺動身軀要逆流回溯，破浪挺進，鹹水淡水交融的滋味。

煙燻箱

煙燻鮭魚

8.2

打獵

打靶

　　北美大陸幅員遼闊，總面積約 2,400 萬平方公里，為臺灣的 600 多倍。遼闊的土地上富含各種天然資源，例如：林木、礦產，以及各種各樣的野生動植物。在小島城市裡出生長大的我，頗驚奇於北美人就地取材的生活方式。要蓋房子就往森林裡砍木頭鋸木頭，使用電鋸就像我們使用電腦一樣彷彿只是基本技能，鐵鎚、量尺、釘槍，日復一日的敲敲打打，一棟嶄新木屋就宣告完工。

　　飲食上的「就地取材」則淋漓盡致體現在漁獵一事上。打獵的歷史由來已久，從遠古漁獵、採集的社會開始發展；到 16、17 世紀歐洲人殖民北美時期的大規模商業性毛皮交易，如當時執牛耳、與北美原住民進行交易之哈德遜灣公司（Hudson's Bay Company）即為代表；及至今日尚稱普遍的運動狩獵（sport hunting）。

燉熊肉

　　2013 年 7 月，我在阿拉斯加 Anchor Point 的農場換宿。某天工作結束正要進入屋內休息，驚見倉庫橫樑上用繩子吊著一隻黑熊，體型看來還是尚未長大的小熊，其他換宿者也很吃驚。主人 Greg 說這隻熊進入他親戚的院子裡趕也趕不走，為防萬一只好開槍。

　　會闖入人類住處的常是小熊或年輕熊，就如人類中的青少年，涉世未深的牠們常受到成熟果香或圈養牲畜所吸引一路跟著鼻子尋來，還沒來得及學會避開人類。換個角度，人口不斷增加，聚落不斷向外擴張侵入野地，那原本是野生動物的家園，若論先來後到，人類才是入侵者，只是動物不懂得抗爭。

剝皮

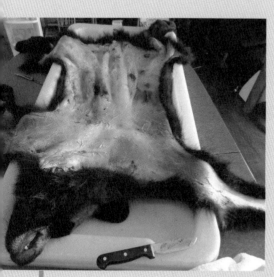

熊皮

熊肉

Greg 將帶回來的屍體剝皮，皮、肉漸漸分開，露出底下紅潤色澤及肌肉紋理，二頭肌、三頭肌、大腿肌，像極了一具人類屍身，令人訝異熊跟我們的相似度。深受中華文化薰陶的我忍不住試探一下熊掌，表面粗糙，肉墊按壓起來是柔軟的。軀體被剁成肉塊，燉熊肉成了當天晚餐。

獵麋鹿

晚餐時，Greg 拿出一個膠捲播放影片。背景是一片森林覆蓋了白雪，畫面中央一隻黑褐色公麋鹿低頭吃草，頭上巨大鹿角四仰八叉擎天而起，那是只能遠觀的野性力量的代表。靜謐的氛圍應該要坐下來端杯茶，放鬆心情享受自然美景。

「砰」突然的槍響劃破寧靜，麋鹿抬頭。像是來自外星球的音爆，射穿亙古以來野地自有的秩序，隨後鴉雀無聲。這隻麋鹿望著鏡頭方向，2 秒鐘、3 秒鐘，牠知道發生了什麼事嗎？只見牠上半身抽了一下，突然間腳一軟失去平衡，巨大身軀往右側倒下，鏡頭外響起一陣獵人的歡呼聲。四隻蹄在空中徒然亂踢。本能告訴牠離開這裡，但牠哪裡也去不了。

山羊

後來我到 Homer 一家農場換宿。主人 Randel 年輕時曾經是遊獵嚮導，專門帶獵人進入山裡尋找動物，有豐富的打獵經驗。農場裡有三間房子，每一間的門後都有一支裝了子彈的來福槍，一上膛就能擊發。他說，曾經有三隻棕熊晃進農場，有一隻還進入雞舍吃雞，為求自保只好用槍。聽他分享的故事非常有畫面。

有次 Randel 跟他弟弟上山打獵，追蹤到一隻山羊。他從遠距離處開了一槍，打中山羊，但羊沒死，僅後肢癱瘓，牠用還能活動的兩隻前腳掙扎著往山谷裡跑。Randel 跟弟弟追了過去，直追到一處山凹，羊無路可跑定望著他倆。Randeld 查看地勢見山凹上方土石鬆散，擔心開槍的巨響會觸發土石滑落掩埋兩人一羊，眼前山羊又傷重可欺，便決定持開山刀下去手抓羊頭、刀劃喉嚨。羊目不轉睛盯著他步步逼近，

當靠近不到 1 公尺時，他伸手往羊頭抓去，哪知羊頭一縮猛地往前一撞，頭上的角頂入他大腿，痛得他應聲倒地。羊角的尖銳及衝撞力道絕對足以刺穿大腿導致重傷，幸運的是只造成一塊大瘀血。蠻荒的野性並非人力所能駕馭，於是他爬上去取槍給羊一顆子彈。

　　我要離開農場繼續旅行時，Randel 拿出一支山羊角送給我，指著舊照片說就是這隻羊，角的尖端銳利依舊。令人扼腕的是，在後來旅程中我的大背包被偷，羊角跟其他東西就這麼不翼而飛。

羊角、打獵照片

槍櫃

來福槍

大山貓（圖片由 Randel 提供）

棕熊

另一個故事更驚心動魄。一次，Randel 帶團入山，他騎馬走在最前頭，一票人馬跟在後面。行至一處森林，馬兒突然躁動不安。動物的感官較人類敏銳許多，Randel 直覺有異。說時遲、那時快，森林中衝出一隻大棕熊，就在他和第二個獵人之間。獵人的馬一驚慌開始亂跳，大熊用兩隻巨大的前掌上下猛擊地面，場面十分混亂。當時並非獵熊季，依法不能開槍。眼見情況危急，逼不得已 Randel 抽出來福槍轉身瞄準熊頭部上方 1 公尺處，「砰」子彈從熊頭頂飛過，牠頭也不回的跑走。他們在熊衝出來的地方發現一隻麋鹿屍體，原來熊以為這票人要來搶牠的獵物，好在有驚無險。

打獵照片——大角羊

8.3

河狸

另一次經驗是河狸（beaver），當時我在加拿大英屬哥倫比亞省的 Dunster 村子一間農場換宿。農場一側有河流經，支流蜿蜒穿過農場。某天農場主人 Curtis 巡田水發現一個河狸築的水壩，才知農場來了新鄰居。河狸是大自然的建築師，居住水邊，以極為發達的門牙一吋吋啃咬樹木底部，直到樹木應聲折斷。我看過被啃斷的最大樹木直徑約有 50 公分，如非親眼所見實在難以相信。牠們將樹枝樹幹拖往溪邊層層堆疊構成水壩阻斷水路，在新成形的水塘內築巢。新水塘裡的樹木因水位升高而死亡，Curtis 不樂見此情況，故找來獵人。

河狸用樹枝築成水壩

河狸窩

（photo by Curtis Culp）

河狸啃斷的樹木

　　獵人在水壩周圍放置獸夾，隔天我陪同他去巡陷阱時，他告訴我要提高警覺眼睛放亮，因為其他肉食動物會前來取食獸夾上的獵物。食物鏈真是環環相扣。夾子一共夾到兩隻河狸，一公一母。母的體型較大，重量極重，約有 40 公斤。尾巴呈扁平狀，像個大扇子，便於游泳。加拿大知名服飾品牌 Roots 商標上的動物即為河狸。

Grey Owl

　　加拿大自然保育運動先驅 Grey Owl，他的保育生涯跟河狸有著密不可分的關係。投身保育運動前的他，靠陷阱捕獸為生。一次，獸夾夾中一隻母河狸，旁邊傳來一陣近似嬰兒啼哭聲，是兩隻尚未開眼的河狸寶寶在找媽媽。他和老婆將兩隻孤兒帶回餵食，照養過程讓他深深感受到生命之美不是金錢可以取代，從而愛屋及烏最後放棄狩獵，轉而投身自然保育運動。其故事後來被拍成同名電影，感動許多人。

　　我在學校主修野生動物保育，很關心臺灣的生態保育現況。相較於北美，小島地狹人稠市鎮不斷擴張，野生動植物賴以生存的自然環境越來越破碎畸零。雖然副熱帶氣候的先天條件給了臺灣較高的生物多樣性，但許多物種仍面臨存亡危機，如：臺灣黑熊、石虎等。在加拿大我見過多達三十隻以上野生黑熊；但在臺灣，我連野生熊的影子都沒看過，棲地破壞和狩獵壓力是主要原因。

　　狩獵行為就動機來看大概不脫商業貿易、獲取食物、害獸控制，還有休閒娛樂這幾種。以今日動物權及動物保護意識抬頭來看，純為休閒娛樂或商業利益進行的狩獵只能滿足個人虛榮和荷包，而非必要的殺戮則更加突顯人類基因中仍未進化的道德缺陷。

夾到河狸

河狸扁平的尾巴

公、母河狸發達的門牙、爪子

公、母河狸

09/
可以載我一程嗎？

*Can you
give me a ride?*

我從不列顛哥倫比亞要往北前進，開大卡車的 Sandor 經過，見我紙板上的目的地並不遠，便繞一圈回頭載我，我手腳並用爬上車。來自匈牙利的他有一雙土耳其綠、像寶石一樣的眼睛，濃重的腔調是改不了的鄉音。駕駛座後艙是摺疊式吊床，通常一天開十多個小時車，一趟載送費時好幾天的他就直接睡車上，媽媽從土耳其來找他也跟他一起開到哪睡到哪。移民到加拿大已經若干年，但加拿大人當他是外國人，回到匈牙利也被本國人當成外國人。也許是背景或職業，那種流浪天涯的氣息彷彿他跟我是同一條路上擦肩的過客。

來自匈牙利的 Sandor

露宿野外

　　在 Kitwanga 攔車欲北上前往育空領地時，Tony 撿起我。正要去探勘釣魚地點的他，沿途談笑風生。他對釣魚頗有研究，知道臺灣有鯉魚不禁讓我刮目相看。他還曾經主持電視頻道釣魚節目，去過許多地方出外景。他拿著地圖指出欲前往的釣點，車子開了一段又一段就是不見路標，這條路對我和他都是第一次。最後只好讓我在一個路口下車，他要原路折返。下車時，他拿出一本釣魚書送給我，是他寫的。接過這個沉甸甸又令人驚奇的禮物，直到他揚長而去後還是感到十分意外。我不釣魚，如果這本書是在書店架上讓我看到，壓根連翻開的機會都沒有；現在則是作者親手遞過來，彷彿連頁冊裝訂線都顯得不一樣。

Tony 贈書

路標

Tony 離開後，我在一個前不著村、後不著店的路口等了好幾個鐘頭，路過的車輛並不多，擔心起天色將暗時，終於一輛黑色吉普車停了下來，一頭捲髮的 Michael 撿起我。沿途談天說笑，聊到「butter face」時更讓他笑不可抑。利用休假空檔正要返鄉探親的他，不時讚嘆著沿途經過的山川河流正如兒時記憶一般。抵達 Dease Lake 時已天黑，知道我沒露營用具，他說別擔心，就帶我去他阿姨家過夜，向家人介紹我是他的「新朋友」，邀我隔天一起去釣魚，可惜我在趕路否則真想跟他去瞧瞧。沙發上睡了一晚，隔天一早臨別前，他說羨慕我的探險旅程。後來想想，十年後的我應該也會羨慕現在的我吧！

Michael 和我

37 號公路

露宿加油站邊

美洲野牛

野牛群

可以載我一程嗎？

9.1

Cree 印第安族

Cindy 和她朋友

Cindy 和兩個朋友在回 Big River 部落保留區的路上，漫長的公路之旅開始變得無聊時，正巧碰見我在 Jasper 路邊攔車，於是撿起我。來自 Cree 印第安部落的她們喜歡開玩笑，菸不離手的沿路捲菸抽大麻。從沒去過部落的我，對原住民文化頗好奇，於是她帶我回保留區待了四天，見識了 sun dance lodge，那是一個祭儀場所，由木頭搭建，約有半個籃球場大。祭典的內容有歌唱、舞蹈及鞭打身體，以為消災祈福的儀式。每年為了祭典都會新蓋一座 lodge。我還嘗了麋鹿鼻子，一想到牠那肥大厚實又下垂的鼻子如

Big River 保留區

壁畫

今擺在餐桌上，不禁有些荒誕，口感脆韌，像嚼橡皮筋。還嘗了 bannock，用麵粉捏成薄片形，下鍋油煎後麵體膨脹焦黃，酥脆帶油，像在吃油條。

Cindy 和她媽媽不知如何用電腦上網，這對來自臺灣的我來說是基本技能，於是就指點她們。她去訪友也帶著我，很多居民都醉醺醺的意識不清，她說酗酒和藥物是目前部落面臨的很大問題，而政府對原住民的政策是一大背景因素。加拿大政府剝奪了原住民賴以為生的廣大土地，把他們集中到保留區，給他們錢作為補償。這樣的「交易」看似公平，但失去了縱橫馳騁的土地，換來一堆錢，生活方式驟然改變，無法適應的人就轉而往酒精、藥物中尋求迷醉。Cindy 也有她自己的問題，擺盪在天主教思想和傳統信仰之間的歸屬認同，以及家庭狀況讓她感到孤單。我嘗過那滋味，獨自一人上路時也曾撞見躲在轉角的寂寞感。臨別前，她給我一段手工編織、散發特殊香味的 sweet grass，點燃後煙燻並祈禱，禱告就會隨煙飄到天上。

sun dance lodge

Cindy 媽媽製作 bannock

碟形雲

9.2

大麻

　　揮別 Cindy 後，一個卡車司機在 Saskatoon 撿起我。問他閒暇之餘做何消遣，他轉過頭來說：「Beer, weed, fuck women.」（啤酒、大麻、女人。）他抽著大麻，問我想不想試試。我深吸幾口，突然劇烈咳嗽起來，喉嚨燒燙般焦灼。不久，開始感覺腦袋昏沉、四肢麻木，無法集中精神，部分的我就要離開身體一般。下車時約中午 12 點，症狀絲毫沒有減輕，只好坐在路邊埋頭抱膝，耳邊傳來車聲、腳步聲、話語聲。想像力著了火，各種念頭被喚醒一般，或爬、或跳、或蠕動，從意識最底層往外，失控般蔓延擴散。越坐腦袋越沉，不斷告訴自己要站起來，還有路要趕，不能就坐在這裡，但藥效之強讓我又坐了回去。

　　如此起立坐下了數次，開始自我懷疑，在平時這種反掌折枝輕而易舉的事，現在卻有千斤之重。那是頭一次感到害怕，阻力不再是來自外在可見的、物理的障礙，不是看得到、碰觸得到，可以與之相搏，而是從不可見的內在萌發出來，一點一點蠶食意志。使盡氣力揮出的拳頭都落在空氣裡。目的地離我越來越遠，怕再也到不了。不知過了多久腳邊一陣磨蹭，一隻黃貓，我試著觸摸牠，牠毫不退縮任我撫弄，順著絨毛的細緻觸感讓我開始一點一點集中精神，終於我站了起來。洗把臉，手錶指針指著下午 4 點。

卡車司機、抽大麻

大麻

小貓咪

露宿營地

9.3

背包遭竊

我抵達法語區魁北克省（Quebec）的小城 Gatineau 時已近傍晚，打算找個地方過夜，隔天再繼續攔車前往蒙特婁（Montreal）。我相中一處公車亭，小小的亭子可以遮風擋雨，來往人車也不多，於是我在地上墊了紙板，攤開睡袋，一夜好眠。隔天一早起床收拾完畢，站牌前已經有人在等車。留下大背包在亭子中，我前往隔壁加油站借廁所。10 分鐘後再回來，站牌前有兩個人在等車，但情況不太對勁——

亭子內空無一物！我呆了幾秒，看前看後，明明是同一個公車亭，但大背包呢？慌張和疑懼交迫。等車民眾說沒看到，公車司機也說沒看到，打電話詢問公車總站，亦沒有符合描述的遺失物。大背包裡有睡袋、衣物、筆電等，都是往後路上的必需品，少了這些裝備我要如何繼續旅行？此外，還有日記和朋友送的棕熊牙齒、山羊角、狼爪、書等東西，每一樣都連結著前段旅程的回憶。怎麼會發生這種事？

無助的我用英文向路人求救，偏偏他只會說法語。我盡力比手畫腳加上強調關鍵字，也許他終於弄懂我的意思，幫忙報警。警察來做了記錄，要我別難過，臨走前丟下一句「明天會是新的一天」，聽了之後令人哭笑不得。呆坐公車亭，心情從一開始的不願相信，到後來不得不接受東西被偷的事實，極度沮喪、懊悔，沒有別人可以分擔。不得已，硬著頭皮到旁邊一戶人家求助，應門的是一對白髮蒼蒼的老先生和老太太，還好他們會說英文。在得知事發始末後，好心收留我在家裡住幾天，給我一件衣服、睡袋、襪子、毛帽、手套等，還有一個繡著加拿大國旗的袋子，上面寫著「Made in Taiwan」。奶奶還幫我把「協尋啟事」翻譯成法文，張貼在公車亭上。

奶奶幫忙翻譯

臺灣製背包

英／法文版協尋啟事

Daniel 做披薩

剛出爐的披薩

路上一景

人對於一成不變的事物，很容易知覺疲乏。走了一段平坦路徑之後，潛意識會假設前頭也應該是如此理所當然的平坦，直到一腳踩進「無常」挖出的坑洞，跌個狗吃屎。掙扎起身後才見到警告標誌——通往未知。一開始我對這樣的措手不及的直接反應是喃喃咒罵。但罵完後還是會不小心又誤踩第二個洞、第三個……後來不得不說服自己「無常」是旅程不可避免的一部分。這被迫的停頓逼著我思考一些早就習以為常、不曾有丁點質疑的事物，也因此讓往後的步伐踩踏得更深刻，更接近真實。

要離開傷心地 Gatineau 時，Daniel 和 Luiza 撿起我。來自中南美洲的他們，是一對相當開朗的情侶。Daniel 正要去披薩店上班，他是廚師，問我餓不餓，就帶我去店裡現場做了個披薩給我。吃著熱騰騰的美食，想著旅途中失去的和得到的事物各指向何種意義。「擁有」該如何定義？所有事物物質並不連接於人們肢體，它們都是絕對獨立的存在，像路旁的花朵，自生、自滅，充其量人們只是在「使用」。宣稱對某物具有支配權只是過於一廂情願的囈語，它們甚至隨時可以被剝奪。**也許我不該耿耿於「失去」，因為從來不曾「擁有」。**

接著想，一年下來春夏秋冬、食衣住行所有需求，僅僅用一個大背包就能裝完，一個大背包的林林總總足夠支應一年所需，甚至往後第二年、第三年……裝不進去帶不走的都是多餘。原來生活中真正需要的可以簡單到一肩就能揹起。

9.4

遊民收容所

　　我在加拿大首都渥太華要攔車，但因一直下雨又久攔不到，只好狼狽的去麥當勞填飽肚子，還打算趴在桌上睡一晚，後來經理過來告訴我不能過夜，建議我去救世軍（Salvation Army）。救世軍是一個國際基督教組織，他們從事許多入世的社會救助行動，包括遊民收容。循著地址我來到鬧區後面一條略顯破敗的巷子，不同於前一條街都是衣著光鮮的觀光客，在這裡或蹲或坐著許多穿著髒髒舊舊、嘴裡叼著菸的人，像萬華龍山寺前聚集的遊民。一間公寓式房子前站著一個保全人員，應該就是這裡。我拎著家當走進去，所有人盯著我瞧，我被瞧得頭皮發麻。大門旁櫃檯上圍著欄杆，隔著欄杆工作人員登記完基本資料後給我一張小卡和乾淨床單，帶我去鋪位。裡面另外兩名彪形大漢面無表情雙手抱胸，也穿保全制服，頗有震懾氣勢。

救世軍登記小卡

　　我被分配到的房間裡有兩張單人床，一張已經有人睡，我安靜的在另一張躺下。房間沒有門，可以清楚聽到走廊上的腳步聲。這是我頭一次睡在遊民收容所，躺下後不久就沉沉睡去。第二天早上約 7 點有人來叫起床，然後我跟著陸陸續續魚貫而出的人往地下室的餐廳移動。餐廳前已經有不少人在排隊，我打量著他們，有的眼神空洞，有的熟門熟路隨人攀談，少數衣著整齊的幾個則都拎著包包。隊伍往前，拿餐盤，沿著取餐檯領菜，像學校的自助餐。菜色頗為豐盛，光麵包就有三種，另外還有哈密瓜、葡萄、香蕉、鮮奶、麥片等，在家裡都沒吃這麼好，真讓人開了眼界。我回到寢室後，隔壁床的室友還在睡，收拾完行李走出收容所繼續攔車。

豐盛早餐

雙人房

餐廳

9.5

關於信任

失蹤人口協尋啟事

關於攔車，每一次我打開車門的心情，都如同拆開禮物盒，因為永遠不知道車子裡的駕駛是什麼樣的人？好相處嗎？他要去哪裡？是否心懷不軌？有人警告我，搭便車不僅違法，而且危險；16號公路是「Highway of Tears」，許多少女在這條路上因為攔便車就此失蹤；當我看著加油站牆上張貼的失蹤人口照片和協尋啟事，老實說心裡毛毛的，擔心自己會不會變成下一個失蹤人口。也有過駕駛停車休息，我下車上廁所，突然想到裝滿家當的大背包仍留在車內，萬一他車子開

了就走……這一切都關於信任。對方在不認識我，不知我身上是否藏有武器的情況下，仍決定讓我上車，不也是出於信任嗎？

說著不同母語，來自不同文化，國籍不同，膚色不同，任一方面都有著顯著差異，原本看似不會有任何重疊的駕駛和攔車客兩條平行人生，也因為這層信任而發生交集。有了信任這個前提，人與人之間的關係原來可以如此容易被建立。這是我在路上學到的一課。

麋鹿通過

載我一程的 Bill 和他兒子

露宿街頭

9.6

意外和未知

　　當我站在路邊豎起大拇指，許多迎面而來的駕駛面帶狐疑看著我隨即呼嘯而過，也有人回比大拇指歡呼或祝我好運，更有人朝我比中指。望著一輛輛飛馳來去的車不禁讓我思考，為什麼會來到這塊土地，還有為什麼離開原本的環境。

　　多數人從一出生，就被給予一部範例劇本。劇本中鉅細靡遺載明許多指導要領，大大小小，舉凡幾歲要上學，幾歲要就業，委婉拒絕的客套話怎麼講，筷子怎麼拿，什麼場合穿什麼衣服等，清清楚楚。如果你對這些也頗熟悉，那麼你拿到的劇本跟我的一樣。從孩提時開始，我就沒有覺知的按照劇本演出，

大腳怪攔車

長大後才明白那些劇情都是事先安排好，身邊的同儕也都是如此。就這麼按照劇本演下去，老實說，也沒什麼不好，至少很安全，可以預見二十年或三十年後的自己在哪裡。唯一的遺憾是：少了驚喜。

這部劇本刻意抽離意外和未知這兩個令人不安的元素，好讓演出者能安於現狀地照著劇本走。但是，它忽略了生命的不容易滿足，無論是在物質上、精神上，抑或是信仰，過於片面的劇情走向很難說服人埋頭奉行。因此經過日復一日、朝九晚五、迴還往返的模式化輾壓之下，原有的熱情、想望統統被榨乾，徒留一地苦悶、失去水分的渣渣。

苦悶枯乾引燃質疑，於是生命提出探問，然後啟程追尋。途中也許撞見更多疑

一起旅行兩天的法語區帥哥

路旁一景

問，也或許蒐集到零星線索，以期拼湊出某種說法來回應最初的提問：人生是否只有一種樣貌？

　　走得越遠，經歷越多未預期的初次經驗，直覺越告訴我：人生如果有其他可能性，它多半就在前頭，那條意外和未知的路上。

　　這層覺知隱隱閃現著似曾相識的亮度和光澤。呼之欲出的什麼，具現了一條車來車往的大路，路旁一名年輕人肩著背包，怯生生地攔便車。那個人是我，是旅程剛開始，正要從溫哥華出發的我，不明就裡地嘗試了，隨之如奉持信仰般持續這極端不確定的旅行方式。這個選擇原來並非偶然。心態從一開始焦急盼望每一輛迎面而來的車，到後來的不甚在乎，可有可無。**把自己交付給命運，就看祂要載我到哪裡。**

露宿羅布森峰遊客中心

路旁一景

9.7

一意往前

　　旅行的日子很單純，人醒著就只攔車，一輛換過一輛，開門關門、上車下車，從今日出發，追趕一直等在前頭的明日。往前，往前，一意往前，物理位置持續改變，無限延伸的高山、大河、原野，從車窗外次第撞進眼眶，重重委頓，在閉鎖的性靈上撞出一個開口。滾滾河水從開口湧入，潰堤橫流、氾濫肆恣。暗處積澱已久、腐臭生苔的，來自現實、人世、人際、社會的，妥協無奈、疏離不滿，統統被沖刷殆盡。沒被沖走的，是真正重要的東西。清風來了又走，沒有片刻駐留。幽谷遺音澄澈空明。**原本向外的求索，竟爾反觀自照，照見內在的，流動的地景。**

攔車

　　累了就攤開睡袋倒頭睡，加油站、遊客中心、速食店、空地、露營地、遊民收容所、公車亭；餓了就隨便找些食物果腹，深刻體會到什麼叫做隨遇而安。從吃和睡中節省下來的錢拿來換取里程的延伸。沒有了巴士、時刻表、旅館房間、餐廳美食等體制內的供應，摘去了現代社會中透過各種媒介不斷對大眾洗腦的物質主義眼罩，自我，不帶偏見，一無所有的走在最前頭，赤條條的去衝撞，去試探，回頭內省，然後承擔。全然的敞開，全然的經受。

蒙特婁的大教堂 St. Joseph Oratory

曼尼
托巴

10

看極光
請小心北極熊

*Can you
give me a ride?*

邱吉爾鎮

提到北極，大多數人首先會聯想到的大概是：被極低溫封閉住，難以接近的一片冰天雪地，雪地上的北極熊，還有夜空中舞動的北極光。這也是我對北極的粗略印象。

16～19世紀間，歐洲人前仆後繼前往北極探險，除了尋找通往亞洲的較短路徑──西北航道（Northwest Passage）之外，也在尋找傳說中的大量財富。直至今日，西方資本主義仍試圖要染指這個地區，如：國際石油公司殼牌（Shell）的北極鑽油計畫；甫登上國際新聞版面，2013年9月18日環保團體綠色和平前往俄羅斯天然氣公司 Gazprom 的鑽油平臺，抗議其北極鑽油計畫，卻遭俄方強行逮捕。

現今全球暖化導致極地融冰，北極地區已經不如想像中那麼難以接近，就連旅遊業也早已發展出極地觀光的套裝行程。我問過一位伊努伊特人（Inuit，即俗稱的愛斯基摩人）北極熊數量的變化，她說：「現在已經沒有很多熊了，倒是有很多人。」

邱吉爾鎮街景

sun dog

探險

　　從前的人冒著風險，面對浮冰、凍寒、迷航的威脅，死亡的陰影常常伴隨左右。隨著科技的進步，前往北極已經不若從前那般困難，「北極之旅」與「探險」間的等號越來越模糊。現在的人頂多就凍傷或受到驚嚇，除非你刻意尋求刺激。然而**探險，其實不僅僅是對外在物理、地理世界的摸索，探險也可以是對內在心理和精神世界的開拓**。畢竟你去到一個不曾去過的地方，做到了本以為做不到的事。那樣的嘗試在人類歷史中早有人做過，但在你的人生裡還是頭一次。一個怕蟑螂怕得要死的人最後鼓起勇氣親手打死小強，過程中必定經歷某種程度的情緒波動或生理變化，對他來說，就是一次心理的探險。

　　無論如何，我們都應向那批走在時代前頭的人們致敬，有了他們不顧一切的嘗試才讓後來的人有跡可循，況且他們當中某些人最後沒能活著回來。

邱吉爾鎮

　　邱吉爾鎮（Churchill）位於北緯 58 度，鄰哈德森灣（Hudson Bay），是一個濱海港口小鎮，行政劃分上屬於曼尼托巴省（Manitoba）。這個地區早期有數個原住民族在此漁獵生活，包括克里族（Cree）、契帕瓦族（Chipewyan），以及俗稱為愛斯基摩人的伊努伊特人（Inuit）等。17 世紀時歐洲人涉足此地，18 世紀哈德森灣公司在此建立殖民地，並以其總督約翰・邱吉爾命名此地。當時主要的經濟活動是毛皮貿易，後來隨著毛皮交易量下滑，以及農業方興未艾，加拿大政府倡議建立鐵路連接南方農業區，並在此建立港口作為對外出口港，將農產品輸出到世界各地。

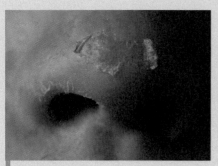
凍傷脫皮的鼻子

零下 20℃

從 Thompson 搭火車去邱吉爾鎮

火車上一景

　　這個居民不到一千人的小鎮，每年竟有超過一萬人次來自世界各地的觀光客湧入，我也是其中之一。從它的頭銜就可看出端倪——世界北極熊之都。大家都是衝著那毛茸茸的白色大傢伙而來，觀光的收入對當地經濟有重要貢獻。

　　此地屬於副極地氣候，比起同緯度的其他地區要寒冷許多。在我停留的 10、11 兩個月份經歷到的最低溫是零下 31℃，鼻子都凍傷，脫了一層皮。就在我離開後的 12 月，極地冷氣團南下，甚至出現零下 50℃ 的紀錄。很慶幸我已經離開那裡。

　　此地的生態呈現出典型的極地風貌：植物相是森林和苔原的交界；動物相除了北極熊之外，馴鹿、紅狐、北極狐、海豹、白鯨、雷鳥、雪鴞、雪雁等也都是生態系的一部分。由於緯度較高的關係，此地亦可見到北極光。

　　邱吉爾鎮的對外交通運輸有飛機和火車兩種。火車在平時載運一車車來自南方農業區的穀物，旅遊旺季則載來一車車來自世界各地的遊客。有人說這裡是最容易接近的北極，只要買張車票就能到達。

10.1

北極熊

走在海冰上的北極熊

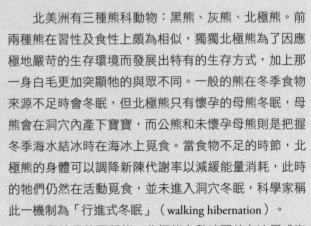

　　北美洲有三種熊科動物：黑熊、灰熊、北極熊。前兩種熊在習性及食性上頗為相似，獨獨北極熊為了因應極地嚴苛的生存環境而發展出特有的生存方式，加上那一身白毛更加突顯牠的與眾不同。一般的熊在冬季食物來源不足時會冬眠，但北極熊只有懷孕的母熊冬眠，母熊會在洞穴內產下寶寶，而公熊和未懷孕母熊則是把握冬季海水結冰時在海冰上覓食。當食物不足的時節，北極熊的身體可以調降新陳代謝率以減緩能量消耗，此時的牠們仍然在活動覓食，並未進入洞穴冬眠，科學家稱此一機制為「行進式冬眠」（walking hibernation）。

　　不同於另外兩種熊，北極熊多數時間待在冰層或海邊。研究顯示，部分棲息於北極圈附近的熊，甚至終生不曾碰觸陸地，從出生、成長到死亡都在海冰上，連交配也是，因此被視為水生哺乳動物。

獵海豹

　　食性上，黑熊、灰熊多以植物性的根莖果實為食，肉類所占比例較低；北極熊則多以肉類為食，海豹是其主要食物，但牠們也獵食海象幼仔，或是受困呼吸洞的白鯨、獨角鯨等。海洋哺乳動物如海豹、鯨豚等，跟人類一樣用肺呼吸，必須探出水面換氣。在海水會結冰的地區，牠們必須確保冰上有洞好換氣，否則會窒息死亡。漂上岸的鯨屍是一頓大餐，常常會吸引許多熊聚集分食。此外，北極熊也是三種熊中，唯一會主動攻擊人類的熊。

　　北極熊捕獵海豹的方式有幾種。當發現冰面上躺著曬太陽的海豹時，牠會壓低身體偷偷靠近，如果海豹頭一抬，牠會立刻靜止，像我們小時候玩的「123 木頭人」遊戲，待海豹鬆懈後，牠再躡手躡腳靠近獵殺。此外，海豹會在冰面上留下多個暢通無冰的孔洞以供其浮出水面換氣呼吸，這時北極熊會選定一個呼吸孔，靜靜注視水面波紋，若見水泡冒出則表示海豹即將浮起，牠必須一擊即中，如此的等待有時持續數小時，甚至數日。第三種情況是母海豹會將幼仔藏匿於兩層冰面之間的夾縫中，若北極熊聞到味道跟來，牠會人立起來用兩隻巨大前掌往下撲壓，撞破冰層獵殺海豹。海豹在水中十分敏捷，北極熊無法在水裡抓到牠，可見海冰對北極熊來說有多麼重要。

▌躺在冰層上的海豹

　　邱吉爾鎮之所以會成為賞熊勝地，是因為哈德森灣於每年 6 ～ 9 月為無冰期，熊只能待在陸地上閒晃。到了 10 月隨著溫度降低，海面開始出現浮冰，然後浮冰越聚越多，這時感受到溫度變化的北極熊開始一股腦兒往海邊聚集，因此這個時候很容易在海邊見到熊。腦筋動得快的旅遊業者，趁勢推出各種賞熊行程以吸引觀光客，每家旅館幾乎都是一床難求，街上、餐廳裡到處都是人潮。到了 11 月中整個海灣凍結成堅硬的積冰，這就是北極熊望眼欲穿的覓食戰場，於是多數熊隻紛紛踏上積冰，頭也不回的找海豹去也。隨著熊離開的是觀光客，街上不再有人潮，還給居民一個安靜的生活空間，邱吉爾鎮又恢復往日清幽，直到來年賞熊季。

巴士內部 ——

—— 賞熊巴士

11 月海灣整個結凍，又厚又硬

10 月的海灣都還未結冰

浮冰越聚越多

10 月底海面出現浮冰

跑給熊追

　　某天早上我在海邊散步時，遠遠看見岸邊紅色岩石區中有一個白點，用相機拉近一看，是熊！興奮得像中樂透一樣，但距離我約有 800 公尺，好遠。當時牠趴在岩石上睡覺，我心想應該可以靠近一點偷拍，於是謹慎的從岩石區另一頭穿過去。岩石區高高低低，邊上豎有警告標誌說請勿靠近，熊可能藏身任何一顆岩石後面。當時我猶豫了一下，後來想想，我千里迢迢來到這裡就是為了熊，不入熊穴焉得熊子，故決定冒險一試，拿出朋友送的防熊噴劑在手，但它的有效距離只有 3 公尺，意思是當熊距離你這麼近才噴得到牠，拿著只求心安。

　　從這一顆岩石跳到那一顆，完全看不清岩石後方狀況直到跳上去為止。越往海

遠處岩石上的熊

警告標誌

邊靠近，心臟越跳越快，心想萬一不幸被熊當成午餐的話，沒人找得到我。一邊祈禱牠不愛亞洲菜，一邊戒慎恐懼的搜尋。突然之間，我的媽呀！牠就在一顆石頭上，距離我 20 公尺，心臟快跳出來。第一次近距離看到野生北極熊，好大一隻，我跟牠之間沒有柵欄區隔。毛皮顏色並非印象中的純白，反而如衣櫥裡放很久的棉被一樣泛黃。我匍匐在石頭這一側，拿出相機偷偷拍了幾張，才發現牠眼睛半閉不閉，沒有睡著……心想再拍最後一張就要撤退，緩緩舉起相機，喀嚓，突然，牠抬起頭往我看過來！Shit ！趕忙蹲低，心臟快跳出來，以岩石為掩護轉身拔腿就跑，邊跑邊回頭張望，差一點失禁。謝天謝地沒追來，我大口大口喘氣，整個人快要虛脫，但情緒卻亢奮激昂。

眼睛未閉

熊抬起頭（日後再看這張照片，
會想起當時的顫慄）

看極光追北極熊——曼尼托巴

事後回想，當時我的心態除了獵奇之外，似乎還有一些以身犯險的潛在驅力從背後推我，跨過一條看不見的、叫做「恐懼」的界線。那是與生俱來，由最原始的本能所劃設，經由不受控制的生理徵候——腎上腺素飆升、心臟猛打鼓、手心冒冷汗，標記出界線的範圍，暗示著界線外潛藏的危險。**我當然可以安安穩穩地待在線的這一頭，可是如此一來，就無從得知究竟錯過了另一邊的什麼。**且經過這一次死裡逃生，即便日後再遇到危險逼近，我也能勉強保持從容。一想起這心臟快跳出胸腔的一刻，其他事情都算不上什麼了。

　　還有一次，下午 5 點左右，我照例又到海邊散步，先看到海邊聚集了好多人，而且他們都朝同一方向張望。我順著望過去，似乎有個小點在地平線那頭慢慢移動，定睛一看，是熊！真是令人喜出望外，我趕緊拿出相機。只見牠走在剛結凍不久的海冰上，朝岸邊過來，腳底下踩著的冰面仍兀自上上下下隨著海水波浪起伏升降，然而牠卻行若無事一步一踏踩著漂浮不定的白色冰層。真是令人驚異的一幕，我想看的正是動物在其天然棲息地的行為。

　　岸邊人潮越聚越多，我旁邊不知何時站了一位伊努伊特媽媽和她的兩個小孩，她們停妥騎來的雪車後來到岸邊看熊。隨著熊走近，只見原本的小點慢慢放大、放大，看得到牠黑色的眼睛、鼻子和爪子。伊努伊特媽媽提醒我要小心，她要先去發動雪車待命，否則等熊靠得更近的時候，要逃跑就來不及了，「牠們動作很快。」她這麼說著，害我都跟著緊張起來，查看四周的逃生路線。當牠靠近到距離眾人約 70、80 公尺左右，趕熊人出現，發射閃光彈阻止牠繼續靠近，熊受到驚嚇後轉身離開。看到這隻熊讓我很開心，雖然相機電池因為低溫而快速耗竭，無法多拍幾張。

趴趴熊

捕熊陷阱

CBC News 熊攻擊人事件

人熊衝突

熊是機會主義的覓食者，有什麼吃什麼，除了天然食物之外，牠也吃人為食物。受味道吸引的熊，會去垃圾場找尋任何可以入口的殘渣，或者翻找路邊的垃圾桶。這樣的行為可經由母熊的示範而教導給小熊，所以牠們年復一年回到垃圾場，或是進入鎮裡。近年來全球暖化，北極結冰期縮短，意謂著北極熊能待在冰上獵海豹的時間跟著縮短，而待在陸地上的時間增加。這些飢腸轆轆的大傢伙為了充飢而到處遊走，如此一來大大增加與人類衝突的機會，邱吉爾鎮過去就發生過許多起北極熊進入鎮上攻擊人的事件，當地居民也不鎖上停放在外的車輛，如果情況緊急行人可以隨時跳進車裡避難。

為了預防衝突發生，當地政府建立一套預警系統：巡邏車巡行鎮的周邊，見熊靠近則發射閃光彈驅離；設置陷阱捕捉熊，然後以直升機將被捕的熊運往遠處野放。我就見過幾次趕熊人放炮嚇熊，胖嘟嘟的熊在冰上跑開。即使有這麼嚴密的防護，我在邱吉爾鎮的期間還是發生了一起熊攻擊人事件。

當時我在一間旅館工作。就在萬聖節隔天一早去上班時，見同事們交頭接耳議論紛紛，原來幾個小時前有人在鎮上遭熊攻擊，這件事當天上了新聞。事發經過：一名女子可能剛參加完萬聖節派對，於凌晨5點走在回家的路上遇到兩隻熊，熊開始攻擊她，女子的尖叫聲引起附近房子裡一位男士注意，他跑出來試圖引開熊，結果熊轉而攻擊他，把他壓在地上。其他聞聲而來的居民對

空鳴槍無效，後來有人開車衝向熊，才把牠們嚇走。兩名傷者被送去醫院，女子後腦及耳朵被咬，男子也有多處受傷流血。有人懷疑是餐廳煎培根的味道吸引熊來到鎮上。兩隻熊後來被追蹤並射殺，是母熊和牠的小熊。

這樣的結果頗令人難過。以動物為號召的觀光旅遊多少都會陷入過度干擾生態環境，或是改變動物行為的爭議。如何在經濟發展和生態保護之間取得平衡，是有關單位必須思考的問題。

被陷阱捕獲的熊會先安置於「熊熊監獄」——北極熊收容所，監獄裡只提供清水，不提供食物，避免熊為了吃免錢牢飯而回到鎮上，管理當局會擇期進行野放。我見識過一次野放過程：先將熊麻醉，待其鎮定後，小熊裝入直升機艙內，母熊則以拖網吊掛在直升機下方，直升機飛往遠處野放熊。當地人暱稱此野放過程為「披薩快遞」，相當有趣。

北極熊監獄

小熊

母熊

麻醉後準備裝載上直升機

起飛

171

10.2

北極狐、極地生態

苔原的低矮植物

白雪覆蓋的苔原

　　北極地區的生存環境極端嚴苛，表層土壤以下 25 公分至更深處的底土均長期處於結凍狀態，稱為永凍土，樹木無法在此生長，只有低矮的灌叢、苔癬、地衣等貼近地面的植群得以生存，這類植物高度不足以遮蔽視線的地景，都存在於高緯度或高海拔地區，統稱為苔原。苔原的邊界和樹林的交接地帶，則是樹木得以生長的極限，稱為樹線。

　　此地區的生物多樣性極低，少數得以在這塊無情大地上生存的物種，都在夾縫中掙扎求生，就連北極熊這冰上王者也不例外。

　　北極狐（arctic fox），是少數幾種對極地環境適應得很好的物種。我在邱吉爾鎮的旅館工作時，某天晚上 10 點下了班走出旅館大門，外面除了路燈照射到的範圍之外，一片漆黑，街上空無一人。我正要往前走，突然見到一個物體在路上移動，模樣像

結冰海灣

小狗，但尾巴長而蓬鬆，步態輕盈，在積雪上行進猶如足不點地。只見牠這裡聞聞，那裡嗅嗅，然後在路旁撿到一塊東西就咀嚼起來，見人靠近也不驚慌，全身白色皮毛，吻端尖細，耳朵短小。牠像小精靈一樣從房子這頭消失，又從街道那頭冒出，在暗夜裡巡行來去。邱吉爾鎮一帶有不少狐狸出沒，白天牠們在鎮的外圍活動，到了夜裡四下無人時就大喇喇進入鎮上活動覓食。

北極狐現身黑夜中

北極狐是雜食性動物，牠會吃下任何可以入口的東西，包括：旅鼠、田鼠、鳥蛋、腐肉、海豹幼獸、莓子、海草，以及人為垃圾等；牠們還會跟在北極熊後面撿拾熊吃剩的剩菜；若遇食物充足的時節，牠們會掩埋多餘食物以備不時之需，很有未雨綢繆的觀念。

冰上活動的北極狐

翻撿垃圾的北極狐

在極地這種極端嚴苛的環境討生活，動物也發展出相應的適應方式。牠們腳掌中的逆流性熱能交換機制可以增加核心溫度，肢體末端如吻部、腿、耳朵等均短小，表面積和體積的比例較低，如此一來，暴露在冷空氣中的身體表面積減少，故體溫散失亦隨之降低。毛茸茸的腳掌便於在冰上行走，不致打滑。毛皮顏色隨季節改變，冬季白茫茫一片時，長出白色毛皮，到了夏季雪融露出暗色地表時，白色毛皮脫落長出黑棕色毛皮，以融入背景。

小知識

逆流性熱能交換機制（counter-current heat exchange）

兩條相鄰但流向相反的血管，當血液由核心高溫端流向末端低溫端時，血液中的熱能會傳遞到另一條血管而被帶回核心區；相反的，當另一條血管的血液由末端低溫端流向核心高溫端時，血液中的低溫已交換給另一條血管帶走，故可維持核心溫度。

換羽中的雷鳥

幾乎全白的雷鳥

北極狐被獵捕的壓力不小，但或許因為繁殖效率高，所以族群數量尚稱健全。從上個世紀開始發展的皮草市場，促使原住民針對北極狐展開大肆捕捉，後來甚至發展出牧場專門養殖狐狸供取皮草，我在育空領地看過一個荒廢的養殖場。我工作的旅館大廳沙發上也有兩隻全白的北極狐皮草，絨毛密生。

其他極地動物如雷鳥（ptarmigan）也發展出相似的適應方式。雷鳥與北極狐一樣，羽毛顏色會隨季節而不同，夏季為暗褐色，到了冬季則換成白色，百分之百融入背景中，是絕佳偽裝。

雪雁

10.3

北極光

北極光

北極光（northern lights / aurora borealis），是許多人夢寐以求的天文奇景之一。有人說看到極光就會幸福一輩子，也有人說無論有沒有看到都會冷上一陣子。前者我不確定，而後者肯定是保守說法。

10 月的某個晚上，我在邱吉爾鎮的旅館，下了班走出大門，街上空氣清冷，抬頭可見一點一點的星光，和圍繞星光的一長條形「雲」。星星我看過，雲當然也看過，但這幕景象有點特異，根據過去經驗，雲層的生成會遮蔽星星，但此刻所見，星光明明就穿透這「雲」而熠熠生輝。我不禁納悶：難到外國不只月亮比較圓，連

星星也比較亮,亮到足以穿透雲層?我盯著天空瞧,「雲」的形狀開始變換:長條形漸漸變成尖錐形,越看越怪。我走到鎮外圍的海邊避開街燈干擾,好好觀察。漆黑背景中,「雲」竟然呈現出亮綠色──是極光,真的!

我興奮的拍著照,後來遇到一位法國遊客也來拍,我倆就邊拍邊聊。他說,從晚上 8 點開始極光就已現身,直到當時半夜 12 點都還在,他整整拍了一個晚上,很過癮。白天參加賞熊行程,夜裡又看到極光,他說這一趟值回票價。

極光的成因是來自太陽的太陽風向外吹送,其粒子受地球磁場所吸引,在通過大氣層時與氣層中的原子、分子相互碰撞,造成能量釋放,在地軸附近以大範圍波動亮光呈現。當太陽風的強度增加,會間接導致極光頻率和亮度跟著增加。

極光出現的區域集中在地磁極附近,約緯度 3°～6°寬的一條帶狀區域內,稱為「極光帶」,涵蓋的地區包括阿拉斯加、加拿大、北歐、俄羅斯等地的高緯度地區,而邱吉爾鎮就在這個帶狀區域中。

我在邱吉爾鎮的 10、11 兩個月份,總共看到約十多次極光。只要天氣好,從宿舍窗戶望出去就有機會見到。隨著冬季來臨,氣溫越降越低,後來我經歷到零下31℃的溫度,不只是冷,簡直凍斃了,待在室外,鼻水會在鼻腔內結冰,但為了看極光只好咬牙苦撐。雖然穿戴保暖手套和厚襪子,但暴露在冷空氣中不用多久,手指、腳趾先失去知覺,然後僵硬發麻,到後來全身開始顫抖,皮膚一接觸相機的金屬外殼差一點就黏住。最後受不了,只好就近到附近開著暖氣的建築物中「退冰」,否則肯定會凍傷。

看極光請小心北極熊──拿尼托巴

　　拍極光需要腳架，但我的腳架於一個月前連同大背包在魁北克省遭竊，邱吉爾鎮又找不到相機用品店。好在某天於街上閒逛時，認識了來自新加坡的遊客謝秋桑，她也來賞熊、追極光，我還跟她和她朋友去找熊。她帶著一支腳架，玩完要離開邱吉爾鎮時便大方把腳架借給我用。待我回臺灣後再寄去新加坡還她。正所謂出外靠朋友啊！

　　極光有多種顏色，當中最為常見的是綠色，其他還有黃、紅、粉紅、藍、紫等色。究其形狀概略可分為：放射狀、長條形簾幕狀、弧形等。

　　我看過極光快速舞動：夜空中一長幅亮綠色光幕，一股不安定的能量正醞釀著，在原點不斷糾結流轉、翻騰迴旋，看得人眼花撩亂，不禁懷疑它是具有生命的靈體。忽然之間，光幕上緣一收一放，扭曲的簾幕變成金黃色向東邊一躍，在場所有人的目光為之一亮，不約而同發出驚呼。這是我生平見過最華麗的表演，眼界因此被向外推開。想到了孫燕姿《綠光》的歌詞：「觸電般不可思議／像一個奇蹟／劃過我的生命裡……」那充滿魔力的絢爛將在往後的人生裡持續發光，久久不散。極光的幸福之説，我想，可能是真的。

　　17 世紀時，天文學家伽利略以羅馬神話中的黎明女神 Aurora 之名來命名極光。北美洲原住民認為極光是靈魂在跳舞。一位伊努伊特媽媽告訴我，如果對著極光吹口哨，它會舞動得更熱烈，並且朝你靠近；而部落傳說中極光會取走人頭，有人害怕祂靠得太近，便來回拖拉夾克拉鍊發出令人神經緊繃的聲音，極光聽到後就會遠離。我不會吹口哨，試著噘起嘴吹出都是氣音的半調子口哨，可能因為吹得不好，極光反而消失了。

　　當時正值所謂的賞熊季，北極熊紛紛聚集到海邊等海面結冰，此時很容易在鎮的周邊遇到熊。不若內陸的黑熊、灰熊早已進入夢鄉，北極熊不冬眠。觀賞極光的最佳時機是入夜後，離光害越遠越好，故常見遊客在海邊逗留。入夜後，就連走在街上都潛藏著人熊衝突的風險，更何況走到鎮的外圍去。但是為了追極光，我和同事便一起行動，人多壯膽，走在街上時一個人看前面，另一個顧後面，深怕真的與熊狹路相逢。尤其在萬聖節隔天發生的熊攻擊人事件之後，鎮上更是風聲鶴唳、聞熊色變，我們只好邊走邊講無聊笑話來減緩緊張情緒。

10.4

伊努伊特人

北極地區原住民

北極熊標本

　　邱吉爾鎮上有一間緊鄰著教堂的愛斯基摩博物館（Eskimo Museum），是遊客必訪的景點之一。一進門，就被一隻原尺寸的大北極熊震懾住，雖然只是標本，但那粗壯四肢、長長獠牙代表的蠻荒之力仍舊無可掩蓋。北極熊旁邊是一隻更形碩大的麝牛（musk ox），全身披覆又厚又長的毛，頭頂彎曲牛角，分布在北極地區，公牛在交配季節會釋放出類似麝香的味道吸引母牛，為其名稱由來。

　　館內另外展示了原住民使用的傳統皮艇、獵捕海豹的魚叉，以及超過八百件雕刻藝品，使用的材質包括鯨魚骨頭、海象牙、皂石（soapstone）等；雕刻主題包羅萬象，舉凡獵捕海豹、對抗北極熊、駕狗拉雪橇、冰屋、神靈信仰、慶典等，得以藉此一窺原住民傳統生活的面貌。

雕刻

「愛斯基摩」一詞，意指「吃生肉的人」，在阿拉斯加仍被普遍使用，但在加拿大和格陵蘭地區則被視為帶有輕蔑貶低的歧視意涵。我在海邊認識的伊努伊特媽媽 Molly 就說，她們族人偏好被稱為「伊努伊特」，而非愛斯基摩。

Molly 來自曼尼托巴省以北的努納武特（Nunavut）領地，該領地涵蓋的面積全國最大，但人口數卻是全國最少。她有著一張東方臉孔，髮色烏黑，身高不高，體態圓潤，應該與族人慣食海豹脂肪有關。她說英文和伊努提特語，移居到邱吉爾鎮後在旅館工作。

海象雕刻

捕海豹魚叉

她說，以前在家鄉幫忙祖父打獵，獵物的全身各部位都有用處，即使是骨頭也可拿來做小朋友的玩具，一點都不浪費，祖父告訴她：「如果你殺了這隻動物，你就要吃牠，即便小如旅鼠也是。」如果族人獵到大型獵物如鯨魚，則會分享給整個村子；一旦村落中某戶人家需要幫忙，全村的人都會一起來幫助他們。這反映了她們在貧瘠的極地地區如何珍惜資源，尊重自然，以及互助分享的性格和文化。

Molly 的媽媽帶著祖父從老家南下要到大城市就醫，順道來拜訪她。Molly 媽媽相當開朗，喜歡開玩笑，常常丟出一句玩笑話，自己就「嘻嘻嘻」的笑起來，很有喜感。

Molly 媽媽

印有冰屋的 T-shirt

《獵人的魚叉》

　　她送我一本故事書《獵人的魚叉》（Harpoon of the Hunter），作者 Markoosie 是一位伊努伊特人，這本書是描述伊努伊特人對抗北極熊的故事。某天，青年卡米克的村子被一隻北極熊襲擊，牠殺死幾隻雪橇犬後逃跑了。村民們認為那隻熊發了狂，必須除掉，於是卡米克的父親便號召幾名壯丁帶上魚叉駕狗拉雪橇一同追蹤。幾天後終於追上，但圍捕過程中，他父親和村民們都不幸被熊殺害，狗隊四散逃逸，最後卡米克用盡氣力好不容易以魚叉殺死熊。身心俱疲的他徒步往回走，還碰上暴風雪、狼群和麝牛的威脅，他只能靠自己蓋起冰屋（igloo）禦寒，對抗野獸。就在他快支撐不住的時候，幸好遇到村子的搜救隊伍，保住一命。

　　孤苦的他後來遇到一位心儀的女孩，填補一些內心的缺憾，並準備結婚成家。然而命運之手還不放過他，某天他和母親、未婚妻及村人要越過浮冰搬遷到對岸，

《Harpoon of the Hunter》

A page from the Eskimo version of 'Harpoon of the Hunter', published in *Inuttituut*.

內頁插圖、伊努伊特文

此時，其母和未婚妻因誤踏過薄的冰層，不幸沉入水裡失去蹤影。卡米克搶救不及，眼睜睜看著這一切而無能為力。這個不幸讓他再次遭受失去親人的打擊，想起父親臨終前的遺言：「我感受到一種平和，是只有死去之人才能找到的恆久寧靜，我將長眠彼端⋯⋯我會在那裡等著你。」卡米克內心平靜，手執魚叉，將它送入喉嚨，他前往另一個世界跟親人團聚。這個故事的結局，以結果論，雖非 happy ending，但某種程度反映了伊努伊特人的生命觀，和他們為了生存所要面對的艱難險惡。

　　邱吉爾鎮周邊有數個人形石堆（inuksuk），原本我以為那只是裝飾，後來才知道它具有一些實質用途。北美及格陵蘭極地地區的原住民，會用大大小小的石頭堆成一個巨大人形，用來導航、參照、標示漁獵地點，以及紀念特殊事件等訊息傳達溝通，是部落傳統文化之一。2010 年溫哥華冬季奧運的象徵圖形，即為此人形石堆。但我忘了問 Molly 該如何從石堆中讀出訊息。

人形石堆

11

尾聲

如同《阿拉斯加之死》的克里斯所言:「人生的歡樂來自我們接觸新的經驗。」旅途中的際遇、經歷、撞擊,不只帶來歡樂,還有一些深層的東西,那些東西不是在啟程之前的制式生活所能經驗到。原本的舒適安逸是一片最溫柔的流沙,不知不覺中讓人慢慢陷入,無法自拔。

經過這趟旅程後我更確信:不論到哪個年齡或在多深的瓶頸裡,**只要還留有一點說走就走的衝動和不顧一切的勇氣,豎起大拇指就能再回到自由的路上,去往任一個引頸眺望的遠方。**

從加拿大西岸出發往北進入阿拉斯加,後來再回到加拿大東部的這一趟漫漫長途,搭過約八十趟便車。每一次來自陌生人的善意對待,每一幕車窗外向後飛馳的山川河流,每一個跟孤獨自我交談的旅行片段,都一格格銘印在記憶的海馬迴上,永不褪色,閃閃發光。這是一個渴求自由的心靈,選擇了一條杳無人煙,卻引人入勝的岔路,踽踽獨行,又不時抬頭展望前方的孤絕身影。

即便起點是一個大問號,不確定攔便車能帶我到哪裡,去到多遠,便車沒有時刻表,也不知道什麼樣的人會停下車來;但中間的過程是加號,停車載我的多

半是當地人，總是告訴我關於當地的事物；而旅程的終點是驚嘆號，經歷過對未知的不安、流離困頓、面對死亡的恐懼等種種，我想，往後將不再有什麼是無法面對，且和當中某些人仍然保持聯絡。這些預期之外的友誼和一輩子不忘的經歷，不是花錢買來的東西，卻是真正有價值的。

　　北美旅程結束了，不過，我仍然在路上，舉著微微發酸的大拇指，繼續攔車，邊走邊回頭。另一條不以空間計程，而是以時間計程，名為「人生」的漫漫長路，雖然獨自走著，可是並不孤單。

「Can you give me a ride?」

12
|

後記‧搭便車、野生動物觀察的風險與建議

　　搭便車這件事存在著一些安全上的顧慮和風險，有意嘗試的朋友必須做好心理準備。不妨假設停下車的駕駛都是善意，但防人之心不可無，還是要小心，尤其只有自己一個人的時候。

攔車

‧攔車時，人要站在駕駛看得到的地方，準備一塊看板或紙板寫上目的地，如此一來駕駛知道你要去的地方，停車的機率會增加。

‧拇指朝上，打扮整齊乾淨，不要遮掩頭臉，否則恐提高駕駛的疑慮。

‧站立的位置後方要預留車子煞車減速靠邊的距離，否則即便駕駛想停車卻沒有空間可停。

‧如果人在城市裡，必須前往市鎮邊緣聯外道路上、你要去的方向攔，市區內很難攔到車。

‧若目的地較遠，要有在半路下車過夜的準備，可以攜帶帳篷、露宿袋等野營裝備和食物。

- 車子減速靠邊時，先探頭詢問駕駛欲往何方，順便打量駕駛是否為善類，雖說人不可貌相，但人都有第六感，若覺得對方不可靠則委婉拒絕。
- 若為女性獨自一人攔車，最好確認駕駛也是女性，或者車上已有其他女性乘客者為佳。

搭車

- 口袋中準備一瓶小型防狼噴霧。
- 告知駕駛有朋友在目的地等候（無論是否屬實），讓他知道你並非隻身一人。

　　我在 Jasper 國家公園攔車要往東邊去時，頭戴棒球帽的 Nicolas 走了過來，說跟我去同一個方向，但他明天才啟程，如果我不趕時間可以明天跟他一起走，今晚待在他旅館房間。看他頗為健談，於是我不疑有他的答應了。聊到喜歡男生或女生時讓我感到不對勁，但告訴自己別瞎猜。房內一張雙人床，晚上兩個大男人各躺一半。睡到半夜，一隻手伸過來摸我腹部，嚇醒擋住，差點沒尖叫。睜著眼直到天一亮，趕緊打包走人。

　　在小城 Thompson 過夜，等待隔天一早的火車前往邱吉爾鎮。隨便在街邊騎樓下、一個圍籬遮掩的露臺打地鋪。睡到半夜，一個遊民模樣高高瘦瘦的人走過來，說了幾句話，似乎是要借東西蓋身體，於是我遞給他一個大提袋，他就大喇喇在我旁邊躺下，提袋蓋在身上。旁邊多了一個人雖然彆扭，我仍然縮回睡袋繼續睡。誰知睡到一半，又被一陣吵鬧喝斥聲吵醒，有男聲、也有女聲，兩人似乎在爭執，就在圍籬另一頭。聽著聽著，女生發出哀號，猜測是被打，且邊叫邊哭，聽得我毛骨悚然，緊緊縮在睡袋中，祈求圍籬千萬要遮住我，別被暴力男看見，天一亮我就離開。偏偏這時，旁邊本來躺平的遊民突然起身，走出去跟那對男女說起話來。難道他們認識？遊民大哥會不會恩將仇報把我供出去？悄悄摸出防熊噴劑在手，我忐忑不安的靜待其變。不久，話語聲似乎漸漸遠去，他們離開了，遊民大哥也未再回來。天空曚曚地亮了。

野生動物觀察

- 絕對不要學作者試圖接近野生動物，無論牠看起來多麼無害。
- 最安全的觀察方式是待在車裡。

13

—

誌謝

Denali 國家公園

　　這趟旅程和這本書的出版，要感謝的實在太多。爸媽從一開始的質疑到後來的支持；還有對姐姐的歉疚，她在臺灣忙著終身大事的同時，我為了看北極熊而錯過她的婚禮；阿玉阿姨和瓊雪阿姨一家人在我剛到溫哥華時的接待，以及引介基督徒生活；Jessica 阿姨和她一家人在 Denali 國家公園營地的溫情關懷；Toni Llobet Nogués（tonillobet.wix.com/tonillobet）、Curtis Culp、Mathieu Trottier 讓我使用他們的照片；謝謝不小心造成我左手扭傷的西班牙人 A，這個小傷雖為往後旅程帶來些許不便，但讓我體認到這副脆弱肢體不過是承載意志的工具，就算在追尋的過程中有所損傷也並不足惜；那些與這塊土地互依互存的人們，面對困境所展現出的韌性，演示了生命所能到達的強度；感謝每一輛停下來的車，以及路上相遇的人們，即便只是提醒我注意安全，或者祝我好運。書中提到的朋友，還有更多名字早已飄散在風裡的人，每當我回想當中任何一段，他們的臉孔笑貌依舊會清晰浮現。謝謝大自然默許我一個渺小人類擅自走進她奇偉瑰麗的妝容裡，見識造物之奇；還有邱吉爾鎮那頭飢腸轆轆的北極熊選擇不追過來，我才能好手好腳的敘述這個故事。

　　謝謝華成的蔡承恩主編，在聽完我的寫書構想後，接受這個提案；小靜編輯幫忙潤飾刪修。書寫的行為好比擰乾毛巾這個動作，文字好比被扭轉擰壓出的水，很多想法雖然是在旅途中開始醞釀，但若非書寫的關係強迫思考，強加擰壓，則不易具體形諸文字。

　　感謝造物主，讓我，無涯宇宙中的一粒微塵，飄落到一顆美麗的星球。

國家圖書館出版品預行編目資料

可以載我一程嗎？——加拿大、阿拉斯加野地漫遊 /
邱昌宏文．攝影． — 初版． — 臺北市：華成圖書，
2014.12
　　面；　　公分．——（閱讀系列；C0339）
ISBN 978-986-192-227-0（平裝）

1. 旅遊 2. 加拿大 3. 美國阿拉斯加

753.9　　　　　　　　　　　　　　103019570

閱讀系列　　C0339

可以載我一程嗎？ 加拿大、阿拉斯加野地漫遊

作　　者／Chang（邱昌宏）

出版發行／華杏出版機構
　　　　　華成圖書出版股份有限公司
　　　　　www.farreaching.com.tw
　　　　　台北市10059新生南路一段50-2號7樓
　　　　　戶　　名　華成圖書出版股份有限公司
　　　　　郵政劃撥　19590886
　　　　　e-mail　huacheng@farseeing.com.tw
　　　　　電　　話　02-23921167
　　　　　傳　　真　02-23225455
　　　　　華杏網址　www.farseeing.com.tw
　　　　　e-mail　fars@ms6.hinet.net
　　　　　華成創辦人　　郭麗群
　　　　　發 行 人　　蕭聿雯
　　　　　總 經 理　　熊芸
　　　　　法律顧問　　蕭雄淋・陳淑貞

　　　　　總 編 輯　　周慧琍
　　　　　企劃主編　　蔡承恩
　　　　　企劃編輯　　林逸叡
　　　　　執行編輯　　張靜怡
　　　　　美術設計　　陳琪叡

定　　價／以封底定價為準
出版印刷／2014年12月初版1刷

總 經 銷／知己圖書股份有限公司
　　　　　台中市工業區30路1號　　電話　04-23595819　　傳真　04-23597123

☻讀者回函卡

謝謝您購買此書，為了加強對讀者的服務，請詳細填寫本回函卡，寄回給我們（免貼郵票）或 E-mail至huacheng@farseeing.com.tw給予建議，您即可不定期收到本公司的出版訊息！

您所購買的書名/＿＿＿＿＿＿＿＿＿＿＿　購買書店名/＿＿＿＿＿＿＿＿＿＿

您的姓名/＿＿＿＿＿＿＿＿＿＿＿　聯絡電話/＿＿＿＿＿＿＿＿＿＿

您的性別/□男 □女　　您的生日/西元＿＿＿＿＿年＿＿月＿＿日

您的通訊地址/□□□□□＿＿＿＿＿＿＿＿＿＿＿＿＿＿＿＿

您的電子郵件信箱/＿＿＿＿＿＿＿＿＿＿＿＿＿＿＿＿

您的職業/□學生　□軍公教　□金融　□服務　□資訊　□製造　□自由　□傳播
　　　　　□農漁牧　□家管　□退休　□其他

您的學歷/□國中（含以下）　□高中（職）　□大學（大專）　□研究所（含以上）

您從何處得知本書訊息/（可複選）

□書店　□網路　□報紙　□雜誌　□電視　□廣播　□他人推薦　□其他

您經常的購書習慣/（可複選）

□書店購買　□網路購書　□傳真訂購　□郵政劃撥　□其他＿＿＿＿＿＿＿＿

您覺得本書價格/□合理　□偏高　□便宜

您對本書的評價（請填代號/ 1.非常滿意 2.滿意 3.尚可 4.不滿意 5.非常不滿意）

封面設計＿＿＿　版面編排＿＿＿　書名＿＿＿　內容＿＿＿　文筆＿＿＿

您對於讀完本書後感到/□收穫很大　□有點小收穫　□沒有收穫

您會推薦本書給別人嗎/□會　□不會　□不一定

您希望閱讀到什麼類型的書籍/＿＿＿＿＿＿＿＿＿＿＿＿＿＿＿＿

您對本書及我們的建議/

www.farreaching.com.tw